Herderbücherei

Band 1820

Kommt und ruht ein wenig aus!
In Erinnerung an Tage voller Erquickung für die Seele.

Es ist gut, daß es Sie gibt.

Im Gebet
dankbar verbunden

21/7.94 Marie Sophia
[illegible]

Das Buch

Ist Leiden eine von Gott verhängte Strafe? Oder ist es ein Zufall, Schicksal, und Gott sieht untätig zu? Carlo Carretto stellt sich mit der ihm eigenen spirituellen Kraft diesen Fragen, die auf jeden Menschen zukommen, ihn unittelbar treffen können. Dieses Buch spricht sehr persönlich, durchspürt eigenes und miterlebtes Leid und findet trotz mancher Zweifel zu Lichtblicken inmitten des Dunkels: Leid ist keine Strafe, eher Gnade und Bewährungsprobe, die den Betroffenen, den Schmerzerfüllten allmählich der Liebe und in ihr auch Gott und den anderen Menschen näherbringen kann. Das Wort des Augustinus, Leid existiere nur, um daraus das Bessere entstehen zu lassen, bedeutet für Carretto eine existentielle Chance und tiefe Wahrheit.

Der Autor

Carlo Carretto, 1910 geboren in Alessandria (Piemont), nach dem Studium der Philosophie Journalist und Mitarbeiter in der Katholischen Aktion, 1954 Abbruch aller Tätigkeiten und Eintritt in die Kongregation der „Kleinen Brüder des Charles de Foucauld". 1964 gründete er das Gebets- und Meditationszentrum in Spello bei Assisi, wo er 1988 starb.

Carlo Carretto

Warum, Herr

Erfahrungen der Hoffnung über das Geheimnis des Leids

Herderbücherei

Titel der italienischen Originalausgabe:
Carlo Carretto, Perché Signore? Il dolore: segreto nascosto nei secoli

Ins Deutsche übersetzt von P. Dr. Radbert Kohlhaas OSB

Printed in Germany
Neuausgabe 1993

Herder Freiburg · Basel · Wien
Umschlagbild:
Auferstehung. Farblithographie von Alfred Manessier, 1949.

Herstellung: Freiburger Graphische Betriebe 1993
ISBN 3-451-08820-7

Inhalt

Anhang

Mehr beten, um weniger zu leiden am Beispiel von drei großen Frauen

Eine Geschichte wie viele andere

Ich bin im Garten eines der Familienwohnheime, das von der „Chiesa-Mondo"-Bewegung der Stadt Catania getragen wird. Seine Bewohner sind freiwillige Helfer voller Großherzigkeit und Ideen und dazu Behinderte aller Art. Heute hält die Wohngemeinschaft die Tür offen für all ihre Freunde aus der Stadt, und als Sonnenschutz hat sie für sie drei Zelte aufgeschlagen, die alles überdecken, was an Fläche zur Verfügung steht. Unter den großen Zeltplanen herrscht ein Gewirr von Rollstühlen, Krücken und Liegen. Hier ist das Leid versammelt.

Es geht ein drückender Schirokko, und auch der Ätna zeigt sich abweisend durch die Schwaden, in die er sich immer wieder hüllt. Ganz oben steigt nur eine dünne Rauchsäule empor, die sich vom Krater des Vulkans dunkel abhebt wie von einer weißen, klaffenden Wunde: dem letzten, verspäteten Schnee auf dem feuerspeienden Berg.

Die behinderten Brüder hier waren davon unterrichtet, daß ich eben ein Buch über Leid und Tod schreibe, und hatten mit mir ins Gespräch kommen wollen. Ich konnte mir für meine Ausführungen kein berufeneres Publikum wünschen, wie kein anderes geeignet, mich zum Schweigen zu bringen und mir klipp und klar zu sagen, daß leeres Geschwätz leeres Geschwätz und Leid, das man nur sieht, etwas ganz anderes ist als das, das man erduldet.

Ringsum begegnet mir Wohlwollen in den Blikken, die auf mir ruhen. Niemand kann uns so voller Wohlwollen anschauen wie die Armen, wenn wir Interesse für sie zeigen. Und voller Erwartung.

Es ist nicht leicht, jemandem im Leid etwas zu sagen, es kann sogar oft unangebracht sein. Dann ist es besser, man schweigt. Doch ist es ihr Wunsch, daß ich zu ihnen spreche, sie selbst haben mich eingeladen. Und ich habe zugesagt, doch ich hätte nicht gedacht, daß es so viele wären.

Der freiwillige Hilfsdienst des Werkes „Chiesa-Mondo" übertrifft alle Vorstellungen, wärmt einem gleich das Herz und macht einem das Hoffen leicht.

Ein Spastiker oder ein Mensch mit flossenartig verkrüppelten Gliedern, der seiner krampfgeschüttelten Bewegungen nicht Herr ist, bietet keinen schönen Anblick, aber der Anblick dessen, der ihm liebevoll beisteht, löst Bewunderung aus. Gäbe es den einen nicht, dann wäre auch der andere nicht da, und die Leiden des einen sind das Lebenselement für das Verständnis des anderen.

Ich suche noch nach einer passenden Einleitung; da fällt mir ein, daß ich mich ja auch auf einen Stock stütze, auf meinen eigenen Stock. Wie noch nie zuvor, spüre ich auf einmal, daß ich ja selbst zu den Behinderten gehöre, und das gibt mir denn auch den Mut zu beginnen.

Ich erhebe vor der versammelten Runde den Stock, auf den ich mich seit fast dreißig Jahren stütze, und fange an:

Liebe Mit-Behinderte, heute wird mir plötzlich klar, daß ich ja auch einer von euch bin. Das merke ich jetzt zum ersten Mal. Früher habe ich meine Zugehörigkeit zu euch nicht empfunden, ihr habt mir die Augen für sie geöffnet, und das gibt mir auch den Mut, zu euch zu sprechen.

Hört zu! Ich will euch einmal von diesem Stock erzählen, den ich schon seit vielen Jahren brauche und der so mit mir verwachsen ist, daß ich ihn nicht mehr merke.

Ich war nach Afrika gereist und befand mich im Noviziat der Kleinen Brüder Jesu in El Abiodh in Algerien. Bei den Kleinen Brüdern P. de Foucaulds war ich eingetreten, um dem drängenden Ruf zu einer Hingabe zu entsprechen, der in meinem Herzen immer lauter geworden war und von mir eine klare Antwort verlangte. Die Vorstellung, mich dem Dienst der Letzten und Ärmsten zu widmen, der Gedanke, als lebendiger Sauerteig in die Masse der Welt einzugehen, zogen mich an.

Ich wollte ganz für die anderen dasein, aber unter radikalen Bedingungen, für die die Wüste wirklich das ideale Milieu bot: *„Dasein für Gott und dasein für die Menschen"*, gab der große Mystiker der Sahara, Charles de Foucauld, mir ein, und ich wollte dieses Spannungsverhältnis in der Einheit eines Lebens verwirklichen, in dem Kontemplation und Aktion auf ein und derselben Linie liegen.

Ich befand mich im Noviziat der Kleinen Brüder und begann zu träumen und zu träumen ... Wißt ihr, wovon ich geträumt habe?

Ich habe davon geträumt, Kleiner Bruder zu werden und unter den Menschen, die mich und mein

Zeugnis brauchten, das Evangelium zu leben. Und wer waren die Brüder, von denen ich träumte?

Jeden von uns zwingen beim Gedanken an die anderen die eigene Erfahrung und vor allem die Neigung, die er bei sich verspürt, dazu, aus ihrer Gesamtheit eine engere Auswahl zu treffen und sie auf den speziellen Fall zu konkretisieren.

Der eine denkt an die Chinesen und sagt: „Ich gehe zu den Chinesen." Ein anderer denkt an die Armen in der Dritten Welt, an die hungernden Kinder, an die Viehhirten in Lateinamerika und kommt zu dem Schluß: „Dorthin gehe ich!" Einer meiner Mitnovizen sagte mir, er wolle heimlich in ein Ostblockland gehen, um sich den Opfern der Gottlosenpropaganda zu widmen. Ein anderer wollte nach Hongkong, um sich beim Aufbau eines Christentums einzusetzen, das den Problemen Chinas gewachsen wäre, wenn Hongkong wieder unter chinesische Herrschaft käme.

Und ich? Auch ich hatte meinen Traum und ließ Pläne in mir reifen.

Mein Traum war es, in die Alpen zu gehen und mich mit den Bergführern zu verbrüdern, deren Dienst darin bestand, am Matterhorn Menschen zu retten, die im Schneesturm in Not geraten waren.

Träume kommen nicht von ungefähr: Mein Leben lang war ich Bergsteiger gewesen und in meiner Militärzeit Gebirgsjägerhauptmann; die Berge waren meine Leidenschaft.

Meine Leidenschaft wollte ich für meine Brüder einsetzen, die in Eis und Schnee in Not geraten waren. Ich hätte mich gern mit einem Bergführer verbrüdert und mein Gebet und meinen Dienst dieser, gewiß nicht leichten, Aufgabe gewidmet, wie Jesus es mir eingab.

Doch das war ein Traum. Wißt ihr, was passiert ist, als ich mit ihm halbfertig war?

Ich sollte zu Fuß 600 Kilometer durch die sogenannte Khalua-Wüste marschieren. Da ich in nicht allzu guter Form war, sagte mir ein Krankenpfleger, der sich um mich kümmerte, eindringlich: „Ich gebe dir ein Spritze, du wirst sehen, sie kommt dir beim Marsch zustatten."

„Ja, mach's, wenn du meinst", sagte ich ihm.

Da spritzte er mir bei aller Freundschaft, die er mir entgegenbrachte, ein Gift in den Oberschenkel, das zur Sklerose führte und in knapp vierundzwanzig Stunden mein Bein lähmte.

Er hatte sich vertan. Er hatte sich in der Ampulle vergriffen. Dummerweise und sozusagen ohne etwas dafür zu können, es sei denn, man wolle ihm seinen Übereifer und seine Unachtsamkeit zum Vorwurf machen, hatte er mir ein Bein gelähmt.

Ich habe damals keine Träne vergossen und versucht, gute Miene zum bösen Spiel zu machen, schon damit der Krankenpfleger, der die Schuld trug und den es im Gewissen und in seinen Gefühlen schwerer traf als mich, nicht vor Kummer außer sich geriet.

Ich schleppte jetzt ein Bein nach. Kaum ging es mir besser, und kaum versuchte ich, mir Rechenschaft zu geben, fiel mir der Bergführertraum wieder ein.

Aus der Traum von der Matterhornbesteigung! Ich kam mir plötzlich wie betrogen vor.

Aber wie war das nur möglich? Da komme ich nach Afrika, um mich auf ein Leben als Kleiner Bruder vorzubereiten. Ich trage mich, wie mir scheint, zu Recht mit dem Gedanken, als Lebensretter zu denen zu gehen, die im Schneesturm umkommen, und nun ...

Ist es denn möglich, daß es ein so chaotisches Durcheinander gibt? Ist es denn möglich, daß Gott, dem ich dienen will, mir in der Not nicht einmal eine helfende Hand reichen kann? Warum hat er bei einem so offensichtlichen Irrtum nicht eingegriffen? Warum hat er mir denn nicht geholfen? Warum hat er denn zugelassen ..., warum?

Brüder, Schwestern, wir wollen einen Augenblick im Schweigen verharren, und jeder von uns soll an sein eigenes Mißgeschick, an seine Leiden, an seine Lähmungen, an seine eigene Geschichte denken.

Wieso bin ich hier? Wieso befinde ich mich in diesem Rollstuhl? Wieso gehe ich an diesem Stock? Wieso kann ich nachts nicht schlafen? Wieso habe ich einen so unangenehmen Mann geheiratet, der mich auch noch sitzenlassen hat? Wieso ist beim Erdbeben der Balken auf mich gefallen und hat mir den Arm zerschmettert? Wieso bin ich so einsam und komme mir bei meinem berechtigten Wunsch nach einem Ehegatten im Stich gelassen vor? Wieso kann ich nicht leben, wie ich gern möchte?

Trägt jemand für all dies die Schuld? Schlimmer: Lebe ich mitten in einem Chaos? Mehr noch: Warum läßt Gott, der doch angeblich existiert, das zu? Warum greift er nicht beizeiten ein? Warum schaut er untätig zu, wie ein Dummkopf mir das Bein lähmt?

Warum läßt er Herodes nicht sterben, als er sich zum Kindermord von Betlehem anschickt, um mit diesem „Pogrom" auch Jesus zu erwischen, der ihm schwer im Magen lag?

Warum greift er nicht ein, wenn eine Sturmflut die Hütte in die Lüfte wirbelt, in der ich ganz arm wie er selbst als Fischer mein Leben friste?

Gibt es ihn denn überhaupt, diesen Gott, oder gibt es ihn nicht? Und wenn es ihn gibt, warum tut er denn nichts und macht mit mir keine Ausnahme?

Da komme ich hierher, um ihm zu dienen, und er treibt anscheinend seinen Spott mit mir und läßt mir das Bein lähmen. Meiner Meinung nach war es gut, als Bergführer mein Leben für die Brüder einzusetzen, die im Schnee erfroren ...

Was soll ich jetzt werden? Sicher nicht mehr Bergführer! War er es etwa, der das Programm geändert hat? Oder läge es an mir, meinen Plan zu ändern?

Vielleicht.

Dreißig Jahre sind seither vergangen, seit jenem bösen Aufwachen aus meinem Traum. Hier stehe ich vor euch, die ihr wie ich selbst eure Träume habt oder gehabt habt, und sage euch:

Die falsche Spritze, die mir das Bein gelähmt hat, war kein Mißgeschick, sondern eine Gnade.

Wir wollen jedoch genauer sein und uns nicht damit begnügen, uns mit frommem Gerede zu trösten: Wenn sie ein Mißgeschick war – und das war sie –, so hat Gott es in Gnade verwandelt.

Da ich nun ein steifes Bein hatte und nicht mehr klettern konnte, habe ich mir einen Jeep genommen und bin Meteorologe geworden. Ohne mein Zutun befand ich mich in dem Milieu, das ganz das meine war: in der Wüste.

Statt durch den Schnee bin ich durch den Sand gestapft. Statt der Felswände habe ich die Piste kennengelernt, statt der Gemsen die Gazellen gesehen.

Unversehens zeigte sich mir das Leben in seiner wahren Gestalt: als persönlicher Exodus ohne Ende, und die Wüste als einzigartiger Ort des Schweigens und des Gebetes.

Die Beinverletzung hat mir geholfen, fester zu stehen. Ich sollte stehenbleiben, ich, den es immer umtrieb. Ich sollte mich nicht rühren, ich, der ich gleich zwei Dinge auf einmal zu erledigen versuchte.

Das war zweifellos ein Vorteil. Mir ging auf, daß ich eigentlich nicht betrogen worden war. Das Mißgeschick brachte mich auf neue Wege.

Brüder, Schwestern, die ihr mit eurem Mißgeschick vor mir seid, eins versichere ich euch:

Heute, dreißig Jahre nach dem „Unglück", das mir das Bein gelähmt hat, sage ich nicht: „Es ist kein Unglück gewesen." Ich sage nur, daß Gott daraus eine Gnade zu machen gewußt hat.

Ich habe am eigenen Leib erfahren, was Augustinus sagt: „Gott kann das Böse nur zulassen, um noch Besseres daraus zu machen." Gott, der seine Kinder liebt, hat – wenn er sieht, daß jemand oder etwas ihnen einen Schlag versetzt hat – Phantasie genug, aus Bösem Gutes zu machen, aus Tatenlosigkeit Kontemplation, aus dem Schmerzensschrei Gebet, aus dem Leid einen Akt der Liebe.

Ich weiß, es ist kindisch von mir, euch das zu sagen.

Die mit allen Wassern Gewaschenen sprechen nicht so; sie trauen sich nicht.

Und doch habe ich den Mut, euch das zu sagen: Ich habe keine andere Antwort auf mein Leid gefunden. Ich habe die Erfahrung gemacht, daß man auch mit einem ruinierten Bein glücklich sein kann, sehr glücklich. Ich habe die Erfahrung gemacht, daß man aus den Wunden, die die Armut und das Leid schlagen, einen Honig eigener Art gewinnt, der ganz kostbar und mild ist. Es ist der Honig der Seligpreisungen, die Jesus in der Bergpredigt ausgerufen hat.

Ich habe diesen Honig gekostet, und er hat mich davon überzeugt, daß das Evangelium vernunftgemäß ist und daß so manche unerklärlichen Dinge ihren guten Grund haben.

Er hat mich durch Erfahrung überzeugt.

Ich will euch auch keinen Vernunftbeweis bringen: ich spreche aus Erfahrung. Aus Erfahrung bin ich dahin gekommen, an Gott zu glauben, und ich sage immer: *„Ich glaube an Gott, weil ich ihn kenne."*

Dasselbe gilt für das Leid.

Es bleibt noch unendlich viel Raum für das Geheimnis – und das ist durchaus recht so, damit wir die Demut erlernen, die für unser Verhältnis zum Absoluten, zu Gott, wichtig ist – aber die schwerste Decke, die auf meinem Elend und auf meiner Blindheit lastete, hat er weggezogen, und die Entblößung meiner Wunde hat mir geholfen, nicht nur den Schleier des Geheimnisses, sondern auch den unverhüllten Gott zu erkennen.

Da erst habe ich vor Freude einen Sprung getan

und die Erfahrung gemacht, daß die Begegnung mit ihm, dem Ewigen, möglich und gewaltig war.

Ich werde versuchen, euch etwas über Leid und Tod zu sagen, aber ohne mir dabei etwas vorzumachen. Ich weiß, was es heißt, jemandem im Leid etwas zu sagen, und weiß auch, daß nur Gott und sein Christus, der für uns gestorben ist, würdig sind, die Siegel des Buches des Lebens zu lösen (vgl. Offb 5,5).

Es wird Kindergestammel sein, was ich von mir gebe, Gestammel, das mehr im Glauben und in der Hoffnung zu lesen versucht als in der Weisheit und hoher Bildung. Es wird der Versuch eines Menschen sein, dem die große Freude beschieden war, an den Vater zu glauben, Jesus, seinen Sohn, kennenzulernen und die Stimme des Geistes zu vernehmen, die wie ein plötzlicher Sturmwind an den Toren Jerusalems und deiner Seele rüttelt und voll Freude ausruft: „Ich bin da!"

Ich bin da, um bei dir zu bleiben. Ich bin da, um mit dir zu gehen. Ich bin da, um dich zu lieben.

Hör mir ruhig zu!

Das geheimnisvolle Gleichnis des Lebens

Lange bevor Jesus uns seine Gleichnisse erzählt hat, um sich uns verständlich zu machen, hatte Gott Vater uns ein Gleichnis von kosmischen Ausmaßen und abgründiger Tiefe erzählt: das Gleichnis des Lebens. Dieses Gleichnis umfaßte alles Sichtbare und Unsichtbare und kam statt in Worten in der Wirklichkeit zum Ausdruck, in der Existenz der Dinge. Wer es hörte, war selbst ganz in das Gleichnis eingegangen und konnte sich dem Zuhören nicht entziehen, denn die Worte bestanden aus den Dingen selbst, und man konnte sie auf keine Weise in Abrede stellen.

„Wer könnte sagen, die Sonne geht falsch?", sagt die Sonnenuhr, wenn sie die Stunde anzeigt, die auf ihrer Skala sichtbar verstreicht.

Wenn es der Himmel ist, der mit Milliarden von Sternen über deinem Haupt seine Aussage macht, und die Erde, auf die du deine Schritte setzt, die sinnenhafte Grundlage der Erfahrung bildet, die du machst, wie kannst du dich da der Logik entziehen, die dich umgibt?

Wie kann man die Augen vor dem Ebenmaß und der Schönheit der Dinge verschließen und die Kraft außer acht lassen, die sich in Gewitterstürmen und Erdbeben entlädt?

Wie kann man sich der „abwesenden Gegenwart" eines geheimen Planers, eines schöpferischen Willens und einer über jeden Zweifel erhabenen Einheit entziehen, als deren Teil man sich erlebt?

Nenne ihn Architekten der Welt, nenne ihn Sein, nenne ihn unbewegten Beweger, nenne ihn wie du willst, du kannst auf die Dauer nicht leben, ohne das Bedürfnis zu spüren, mit ihm ins reine zu kommen, ohne an ihn zu denken, ohne ihn, noch bevor du ihn genau kennst, liebzugewinnen.

Das ist unausweichlich so.

Auch wenn der Zweifel, den man ihm gegenüber hegt, seiner Verfahrensweise gilt, der Frage, warum er so handelt, und vor allem, warum er sich so still verhält und eine so geheimnisvolle und dunkle Gegenwart besitzt, auch wenn alles einzig und allein von ihm spricht.

Ja, alles.

Ja, ich kann nicht zweifeln: alles ist Ausdruck seiner Sichtbarkeit und seiner Allgegenwart. Auch wenn ein Schleier über seiner Unverhülltheit liegt und gleichsam ein Geheimnis ist, das ihn umgibt, so vermag dieser Schleier seine gewaltigen und einzigartig lichten Konturen doch nicht zu verbergen.

Wenn die Schöpfung dem gesegneten Mutterschoß einer Frau vergleichbar ist, der ein Kind birgt, das zur Welt kommt – den Menschen nämlich –, so kann dieser Mensch nur mit Ungeduld das Austreten der Flut abwarten, damit er endlich das Antlitz dessen erblickt, der ihn zeugt.

Wenn die Wirklichkeit, in die Gott den Menschen gestellt hat, der Garten Eden ist, den er bebauen und hüten soll, dann genügt dieser Garten schon, um die

Erfahrung in Gang zu setzen, die ihn zur Fülle der Wahrheit führen soll.

Wenn die Wüste das Lebenselement eines Geschöpfes ist, so fehlt dem Geschöpf nicht das Zeugnis der Gestirne, das seine Hoffnung und seine Entwicklung zur Reife bringt.

Man braucht nur abzuwarten. Aber abwarten ist nicht leicht, und Adams Sünde besteht nach wie vor darin, daß er es eilig hat.

Eins ist gewiß: der Mensch befindet sich auf Erden wie in einem unermeßlichen Raum, in dem alles hell und dunkel zugleich ist, wo alles Zeichen einer unsichtbaren Gegenwart ist und unablässig eine Herausforderung von dem ausgeht, der sich mit seinem Strahlenglanz und seiner astronomischen Distanz über ihm befindet.

Gerade das Ferne und Unzugängliche stellt ihn dauernd vor Fragen und zwingt ihn, seinen Blick zu den leuchtenden Punkten zu erheben, die wie sternförmige Öffnungen das dunkle Gewölbe durchdringen und ihm unermüdlich zurufen, daß dort oben vielleicht die Antwort liegt, die er sucht.

Wie oft habe ich diesen Anblick in den Wüstennächten der Sahara erlebt! Wie oft habe ich, eingehüllt in eine Decke und ausgestreckt im Sand, Stunden um Stunden damit verbracht, das gestirnte Gewölbe zu betrachten, das unablässig zu mir sprach, mir Fragen stellte und mir so im Dunkel die Richtung wies.

Warum leben?

Warum das Werden?

Warum dieses nomadenhafte Umherirren?

Warum so tiefes Schweigen?

Warum schauen die Sterne immer wie unbeteiligt auf unser Leid?

Eins ist bei alledem gewiß: wenn das Licht ein Zeichen für die Wahrheit ist, die wir suchen, und dazu dient, daß wir ein klein wenig klar sehen, so hat das Licht seinen Ursprung nicht in mir und hat seinen Ursprung nicht auf Erden.

Das Licht kommt von drüben, es rührt von etwas her, das über mir, das größer als ich und mir voraus ist. Das sieht man sogar in der Natur.

Ob mir das recht ist oder nicht, die Erklärung dafür, die ich suche, befindet sich nicht hier auf Erden, wenn die Sache selbst auch auf Erden ist.

Die Erde dreht sich dauernd um ihre Achse, Tag um Tag, Jahreszeit um Jahreszeit, Jahrtausend um Jahrtausend, ohne mir auf meine berechtigte Frage eine Antwort zu geben.

Und wenn ich mich einer Arbeit hingebe, die mir Freude macht, weil ich bei diesem Tun den Eindruck habe, mit meinem Einsatz und meinem Verstand das Walten der Natur zu ergänzen, so taucht doch bisweilen die Frage auf: *„Wozu nur all die Mühe?"* (vgl. Koh 1,3).

Und wenn ich heirate und mir ein Heim einrichte, damit ich nicht so einsam bin, so verbittert mir die Wirklichkeit des Todes, der mir die Gattin nimmt und mich meinen Kindern, die noch nicht auf eigenen Füßen stehen, entreißt, den ohnehin schon schweren Lebensweg.

Nein, wirklich nein!

Das Geheimnis ist da, und ich kann ihm nicht entgehen; das Geheimnis ist da, und ich kann mich nicht an ihm vorbeidrücken, das Geheimnis ist da, und ich kann mich nicht mit einem Lächeln über es hinwegsetzen.

Nicht einmal die Trauerstimmung, in der Kohelet, der Prediger, singt, kommt mir da zu Hilfe:

Windhauch, Windhauch, das ist alles Windhauch.
Welchen Vorteil
hat der Mensch von all seinem Besitz,
für den er sich anstrengt unter der Sonne?
Eine Generation geht, eine andere kommt.
Die Erde steht in Ewigkeit.
Die Sonne, die aufging und wieder unterging,
atemlos jagt sie zurück an den Ort,
wo sie wieder aufgeht.
Er weht nach Süden, dreht nach Norden,
dreht, dreht, weht, der Wind.
Weil er sich immerzu dreht,
kehrt er zurück, der Wind.
Alle Flüsse fließen ins Meer,
das Meer wird nicht voll.
Zu dem Ort, wo die Flüsse entspringen,
kehren sie zurück, um wieder zu entspringen.
Alle Dinge sind rastlos tätig,
kein Mensch kann alles ausdrücken. (Koh 1,2–8)

Und auch wenn er schließt:

Was geschehen ist, wird wieder geschehen,
was man getan hat, wird man wieder tun:
Es gibt nichts Neues unter der Sonne, (Koh 1,9)

so ist das keine gültige Antwort auf mein Unbehagen und mein Verlangen nach Wahrheit.

Mag der biblische Autor auch, von seiner dramatischen Dichtkunst überwältigt, aufzählen:

Alles hat seine Stunde.
Für jedes Geschehen unter dem Himmel gibt es
eine bestimmte Zeit:
eine Zeit zum Gebären und eine Zeit zum Sterben,
eine Zeit zum Pflanzen und eine Zeit
zum Abernten der Pflanzen,
eine Zeit zum Töten und eine Zeit zum Heilen,
eine Zeit zum Niederreißen und eine Zeit zum Bauen,
eine Zeit zum Weinen, eine Zeit für die Klage
und eine Zeit für den Tanz;
eine Zeit zum Steinewerfen und eine Zeit
zum Steinesammeln,
eine Zeit zum Umarmen und eine Zeit,
die Umarmung zu lösen,
eine Zeit zum Suchen und eine Zeit zum Verlieren,
eine Zeit zum Behalten und eine Zeit
zum Wegwerfen,
eine Zeit zum Zerreißen und eine Zeit
zum Zusammennähen,
eine Zeit zum Schweigen und eine Zeit zum Reden,
eine Zeit zum Lieben und eine Zeit zum Hassen,
eine Zeit für den Krieg und eine Zeit
für den Frieden. (Koh 3,1–8)

Womit soll ich meinen Hunger stillen? Die Dichtkunst genügt mir da nicht. Ich würde sie eher als Herausforderung bezeichnen, die mich noch intensiver in der Richtung des Lichtes suchen läßt. Und das Licht kommt von oben, und ich mache mich oben auf die Suche.

Natürlich ist das „Oben" relativ, sehr relativ, und wenn man es nach Kinderart versteht, sogar ungenau.

Hier geht es nicht um ein geographisches, kosmisches oder ideologisches „Oben", hier geht es um ein Sinnbild, das Unsichtbares erklären soll.

In Gott, im Absoluten, ist „oben" und „unten" örtlich dasselbe und umfaßt die Mitte und die Peripherie, das Sichtbare und das Unsichtbare, das Ganze und das Nichts, den Zeugenden und den Gezeugten, den Vater, der ist, und das Kind, das ich bin, den Menschen.

Alles ist Einheit, und wenn ich in der Einheit die Antwort finde, die ich suche, kann nichts außerhalb ihrer unendlichen Vernünftigkeit, ihrer unberechenbaren Macht, ihrer vollkommenen Logik, ihres Wollens, ihrer Liebe und ihrer unsichtbaren Sichtbarkeit liegen.

Wenn das Geheimnis so existiert, wie es existiert, und ich ihm auf meiner Suche nicht entgehen kann, so füllt es alles aus und ist in einer einzigen, endgültigen und ewigen Antwort enthalten.

Wenn ich das Oben Gott und das Unten Mensch nenne, sind sie dann voneinander getrennt oder eins, sind sie Teil ein und derselben Wirklichkeit oder nicht?

Wer bin ich ohne ihn?

Aber ich kann meinen Gedanken weiterdenken: „Und wer ist er ohne mich?"

Wenn es stimmt, daß ich mich ohne ihn als ein

Nichts fühle im Dunkel und im leeren Raum, wie kann er sich ohne mich fühlen?

Ein Kind kann ohne die Mutter, die es geboren hat, nicht leben, aber wie kann eine Mutter ohne die Frucht ihrer Überlegung und ihres Schoßes leben?

Ich begreife, daß er mir unentbehrlich ist wie das Leben und das Licht, aber in meiner Erfahrung beginne ich zu spüren, daß auch ich ihm unentbehrlich bin als Frucht seiner Liebe. Es stimmt, daß ich nicht davon ablassen kann, ihn zu suchen, aber es stimmt auch, daß er mich sucht. Ich spüre es.

Und wenn gerade im Einander-Suchen eine erste Antwort läge? Das Einander-Suchen nennt man Liebe, Austausch, Dialog, Lauschen, Gebet, Lied, Schrei, Erwartung, Umarmung, Mahl.

Jesus hat es „Reich" genannt: Himmelreich. Er hat gesagt:

Das Himmelreich gleicht einem Schatz,
der in einem Acker vergraben war. (Mt 13,44)

Das Himmelreich gleicht einem Mann,
der guten Samen säte. (Mt 13,24)

Das Himmelreich gleicht einem Senfkorn. (Mt 13,31)

Das Himmelreich gleicht einem Netz,
das man ins Meer warf. (Mt 13,47)

Das Himmelreich gleicht einem Gutsbesitzer,
der sein Haus verließ, um Arbeiter anzuwerben. (Mt 20,1)

Das Himmelreich gleicht zehn Jungfrauen,
die dem Bräutigam entgegengingen. (Mt 25,1–12)

Das Himmelreich gleicht einem Hochzeitsmahl. (vgl. Mt 22)

In diesem gewaltigen Bild vom Reich ist alles enthalten. Da ist das Leben mit seiner Dramatik, die Begegnung, das Wachsen, das Heranreifen zur Verantwortung, die Entwicklung und ihr Verlauf, die Fülle und die Freude, das Ewige, der Mensch, Gott, Strafe und Lohn, die Hoffnung und die Liebe.

Es ist wirklich das mächtige, endgültige Reich mit seiner in Bewährung und Verantwortung herangereiften Konsequenz, mit seinen Kämpfen, seinen Träumen, seinem Anfang und seiner Vollendung.

Die Juden haben es intuitiv als Bund zwischen Gott und Mensch gesehen, die Mystiker als Vermählung, die Evangelisten als ewiges Hochzeitsmahl.

Jesus als Seligkeit.

Alle als Frieden, Fülle, Freude.

Wenn man die Dinge so sieht, sind sie gewiß einfach, und ich hätte sogar Lust, zufrieden zu lächeln. Doch ich zögere und höre die Leute sagen: „Warum der Schmerz? Warum das Leid der Unschuldigen? Warum der Tod?"

Der Himmel, der mir für einen Augenblick so wolkenlos schien, verfinstert sich. Dichte Wolken türmen sich an meinem kleinen Menschenhorizont, der der eines Armen, eines schwachen und angsterfüllten Geschöpfes ist.

Da weiß ich nicht mehr ein noch aus.

Es stimmt, und du hast recht, wenn du mich fragst: „Warum all das Leid?" Und noch mehr: „Warum das Böse?" Warum die Gefängnisse? Warum die Irrenhäuser? Warum die Kriege? Ich höre den Aufschrei so vieler Kranker! Sehe das langsame Dahinsiechen so vieler Sterbender, den kalten Schweiß dessen, der mit dem Tode ringt!

Ich wende mich wieder um, und es bleibt mir nur das Schweigen.

Am Bett eines Menschen in Krebsqualen oder vor dem lebendig zerfetzten Leib eines Menschen, den ein Verkehrsunfall in ein paar Augenblicken um alle Hoffnung gebracht hat, noch zu reden, wird zur Anmaßung.

Wer bin ich, daß ich dir eine Antwort geben könnte? Und wenn du mich auch mit von Angst und Tränen erfüllten Augen anschaust – was kann ich dir sagen?

Willst du überhaupt, daß ich etwas sage? Hast du noch die Kraft, mich in deiner Qual anzuhören?

Ich weiß nicht, Bruder, was ich dir sagen soll.

Ich habe schon die Siebzig hinter mir, ein Alter, in dem man, wie der Psalm sagt, am Ziel angelangt ist.

Ich bleibe, ich setze mich zu dir und sage dir einzig mit dem Recht dessen, der, ein klein wenig wie du selbst, gelitten hat: Das große Glück, das mir im Leben widerfahren ist, war, Gott zu erkennen.

Ja, ich sage es dir ganz aufrichtig, ich sage es dir im Geist: Gott kenne ich. Ich habe ihn kennengelernt. Ich sage meinen Freunden wirklich immer: Ich glaube an Gott, weil ich ihn kenne.

Versuch jetzt, einen Augenblick meinem Gedankengang zu folgen. Beiß auf die Zähne, wenn du Schmerzen hast, aber hör auf das, was ich dir sage.

Seit ich Gott kenne, weiß ich, daß er nie seinen Spott mit mir getrieben hat. Ich weiß, daß er mich nicht betrügt; das ist meine Kraft. Ihn zu kennen, hat mich dazu gebracht, auf ihn zu vertrauen.

Dieses Erleben trage ich in mir, und nichts kann es ungeschehen machen. Er ist meine Zuversicht.

Er ist meine Zuversicht, auch wenn die Zuversicht auf die Probe gestellt wird und ich nichts mehr begreife.

Ich spüre, daß ich auf ihn vertraue, auch wenn mein Horizont dunkel, öde und qualvoll ist. Ich würde dieses Vertrauen als Zusammenfassung und Ergebnis der siebzig Jahre meines Lebensweges bezeichnen.

Ich weiß nicht mehr, was es heißt, Ordensmann zu sein. Ich weiß nicht mehr, ob ich ein Sünder oder ob ich tugendhaft bin: das interessiert mich nicht. Ich weiß aber, daß ich mich auf ihn verlassen kann. Ich weiß, daß er nicht der Typ ist, der sich über mich lustig macht, ich weiß, daß er treu ist.

Ja, er ist treu.

Dann wird er mir auch, wenn er treu ist, erklären, was mir jetzt unbegreiflich ist. Und er wird mir auch das Warum des Leidens, das Warum des Todes und das Warum des Bösen erklären.

Ein Vater läßt sein Kind nicht im Stich. Ein Freund gibt seinen Freund nicht preis.

Und er ist Vater, er ist Freund. Das sage ich dir aus eigener Erfahrung.

Ich sage es dir nicht nur im Glauben, der sein Geschenk ist, ich sage es dir aus der Erfahrung, die unsere Errungenschaft, unser Weg ist.

Ich kann nicht immer begreifen, warum er einmal

so und einmal so handelt. Aber ich weiß aus Erfahrung, daß er recht tut, so zu handeln. Ihm vertraue ich.

Und wenn es Leid auf der Welt gibt, so weiß ich aus Erfahrung, daß er es in Licht, in Erlösung, in Seligkeit verwandeln kann. Ja, in Seligkeit, wenn das auch wie eine fast lächerliche Zumutung erscheinen möchte.

Wie kann man einen Menschen selig nennen, der weint?

Er hat ihn aber so genannt.

Wie kann man nur einen Menschen selig nennen, der verfolgt wird?

Er wiederum hat ihn so genannt.

Lies die Seligpreisungen und sag ruhig, zumal er sich nicht daran stößt: Hier spricht ein Verrückter oder jemand, der etwas vor uns verbirgt.

Ich würde sagen, er ist sowohl das eine wie das andere. Er ist verrückt, aber verrückt vor Liebe.

Und daß er Dinge vor uns verbirgt, können wir nicht bezweifeln. Er verbirgt sie uns.

Er verbirgt sie uns, weil es noch zu früh ist und wir sie nicht ertragen können, aber vor allem deshalb, um uns so um das einzige zu bitten, worauf er nicht verzichten kann: die Liebe, das Vertrauen.

Er hängt an dem Vertrauen, das wir ihm schenken können. Nichts erfreut ihn mehr als dieser Akt, der die Liebe und zugleich die Beziehung zum Ausdruck bringt, die er mit uns eingehen will.

Ein größeres Geschenk können wir ihm als Geschöpfe nicht machen. Der erbringt den größten Liebeserweis, der sich in tiefer Finsternis dem Geliebten überläßt, ihm alles, was er hat, aus Liebe anbietet.

Hören wir einmal, was Charles de Foucauld in der Wüste gesagt hat. Er hatte es wirklich begriffen.

Mein Vater,
ich überlasse mich dir.
Mach aus mir, was du willst.
Was immer du aus mir machst,
ich danke dir.
Zu allem bin ich bereit, alles nehme ich hin,
wenn nur in mir und in all deinen Geschöpfen
dein Wille sich erfüllt.
Sonst will ich nichts,
mein Gott.
Ich lege meine Seele in deine Hände.
Ich gebe sie dir, mein Gott,
mit aller Liebe meines Herzens,
weil ich dich liebe.
Und für mich ist es
ein Bedürfnis der Liebe,
mich maßlos zu verschenken
und in deine Hände zu legen
mit grenzenlosem Vertrauen,
weil du mein Vater bist.

Wenn man es fertigbringt, dieses Gebet der Hingabe in qualvollem Leid zu beten, beweist man, wie tief man an Gott glauben kann.

Warum, Herr?

Die natürliche Reaktion auf physischen oder seelischen Schmerz sind Tränen. Und Tränen gibt es viele, unendlich viele! Wenn man sie nach Maß und Zahl bestimmte, würden sie ein Meer füllen, einen Ozean.

Versiegen sie für einen Augenblick, beginnen wir zu grübeln: Warum? Warum fließen so viele Tränen, Herr? Die Antwort darauf stellt sich nicht ohne weiteres ein.

Dann erfaßt uns wieder Traurigkeit, unsere Gedanken verwirren sich, verkümmern und hinken einher wie verwundete Vögel.

Und wieder stellen wir uns die Frage: Warum?

Wenn jemand viel zu leiden hat, bringt es ihn dazu, mit Ijob zu sagen:

Ausgelöscht sei der Tag,
an dem ich geboren bin,
die Nacht,
die sprach:
Ein Mann ist empfangen. (Ijob 3,1)

Wenn das Leiden schwer auf uns lastet, kann es geschehen, daß wir den Sinn des Lebens nicht mehr begreifen und es als nicht wieder gutzumachendes Unglück verwünschen.

Dann ist die Sohle des Abgrundes erreicht, die totale Finsternis, in die nicht der kleinste Lichtstrahl des Glaubens fällt.

Aber es ist noch viel schwieriger. Mag ich auch schreien, so merke ich, daß meine Worte unverständlich und allenfalls ein Ausbruch sind, mit dem ich mir Luft mache, den man aber nicht beantworten kann.

Und wieder kommen die Tränen und lassen die Wasser im großen Meer des Leidens steigen.

Auf der Sohle des Abgrundes schimmert schwach eine Hoffnung auf, als ergäbe sich aus dem Leid, das wir durchgemacht haben, eine bislang verborgene Konsequenz.

Es ist unmöglich, daß dies alles sinnlos sein sollte: es ist unmöglich, daß er, „der Himmel und Erde erschaffen hat", dem Dunkel, das mich unter der lastenden Decke des Leidens einhüllt, kein Warum gegeben hat!

Außerdem ist es Gott selbst, der sich die Mühe macht, mir zu antworten, als wolle er mir den Mund stopfen:

„Wo warst du, als ich die Erde gegründet?
Sag es denn, wenn du Bescheid weißt.
Wer setzte ihre Maße?
Du weißt es ja.
Wer hat die Meßschnur über ihr gespannt?
Wohin sind ihre Pfeiler gesenkt?
Oder wer hat ihren Eckstein gelegt,
als alle Morgensterne jauchzten,
als jubelten alle Gottessöhne?
Wer verschloß das Meer mit Toren,

als schäumend es dem Mutterschoß entquoll,
als Wolken ich zum Kleid ihm machte,
ihm zur Windel dunklen Dunst,
als ich ihm ausbrach meine Grenze,
ihm Tor und Riegel setzte und sprach:
Bis hierher darfst du und nicht weiter,
hier muß sich legen deiner Wogen Stolz?" (Ijob 38, 4–11)

Und als ob das noch nicht reichte, fährt er fort:

Bist du zu den Quellen des Meeres gekommen,
hast du des Urgrunds Tiefe durchwandert?
Haben sich dir die Tore des Todes geöffnet,
hast du der Finsternis Tore geschaut?
Hast du der Erde Breiten überblickt?
Sag es, wenn du das alles weißt.
Wo ist der Weg zur Wohnstatt des Lichts?
Die Finsternis, wo hat sie ihren Ort,
daß du sie einführst in ihren Bereich? (Ijob 38, 16–20)

Wenn er diese Worte an mich richtet, die in mir ihr Echo finden und zugleich die seinen wie die meinen sind, bringt er mich auf wohlbekanntem Gelände zum Stehen.

Die sichtbare Welt, die vor mir steht, kann ich nicht abstreiten. Die Schöpfung kann ich nicht leugnen. Das Wunder der Blumen, die Macht der Meere, die Genauigkeit eines Elektronengehirns, die grenzenlosen Tiefen des Alls können mir nicht entgangen sein.

Ich kann nicht sagen: das ist Zufall.

Die Zeichen sprechen für sich und stellen mir ihre Fragen: sie sind nicht rein zufällig da, sie sind Wirklichkeiten. Von Kind auf habe ich mir diese Theologie der Zeichen zu eigen gemacht. Sie dringen von allen Seiten mit einer Ästhetik, einer Harmonie, einer Kraft und Klarheit auf mich ein, denen niemand sich entziehen kann.

Das Meer ist da, und ich sehe es, der Himmel ist da, und ich schaue staunend zu ihm auf, die Hitze ist da, und ich empfinde sie, die Speise steht da, und ich koste sie.

Das kann mich nicht gleichgültig lassen: die Zeichen, die Natur, die Schöpfung liegen wie Seiten eines Buches vor mir, das ich, ob ich will oder nicht, lesen können muß. Und beim Lesen denke ich nach, und mein Denken richtet sich immer auf eine unbekannte, unsichtbare, allgegenwärtige, außerordentlich gewichtige Mitte, auf „den Anderen", der ich nicht bin, auf das Schweigen, das meine Frage beantwortet, auf den Absoluten.

Ich stelle ihn mir vor als Auge, das sieht, als Wesen, das weiß, als Willen, der will: Ich bin der „Ich-bin-da", hat ihn das Buch Exodus (3,14) definiert. Der Osten nennt ihn gern *Harmonie des Alls.* Der Islam begrüßt ihn als den *Mächtigen,* den *Verherrlichten,* den *Unsichtbaren,* den *Erhabenen* und den *Zeugen.* Jesus nennt ihn *Vater.*

Aber wer kann das Geheimnis ganz erfassen, das sich in diesen Bezeichnungen äußert?

Da kommen mir wieder die Tränen, da der Schmerz mir unerträglich ist und weder Zeichen noch Worte mich beruhigen und mir eine rechte Antwort geben können.

Was bleibt, ist das Geheimnis.

Ich versuche höchstens noch, in eben den Worten Trost zu finden, die Ijob schon mit der Macht der ihnen innewohnenden Logik getröstet haben:

Ich hab' erkannt, daß du alles vermagst;
kein Vorhaben ist dir verwehrt. (Ijob 42,2)

Dann spreche ich mit ihm auch noch die seltsamen Worte:

Vom Hörensagen nur hatte ich von dir vernommen;
jetzt aber hat mein Auge dich geschaut. (ebd. 5)

Das ist wirklich etwas Neues. Das hieße, daß es uns etwas brächte, wenn Schmerzen uns heimsuchen.

Der Schmerz, den wir verspüren, bringt nichts Geringeres mit sich als die Erkenntnis des Absoluten, die Erkenntnis Gottes: Herr, ich kannte dich nur vom Hörensagen; jetzt aber sehe ich dich (vgl. Ijob 42,5).

Was ist passiert?

Was ist in mir vorgegangen, als ich die Schmerzen hatte?

Ich kann wohl sagen, daß der Schmerz mir zur Aneignung der Dinge verholfen hat: zur Aneignung des Lichtes, der Materie, der Gesetze, der Zellen.

Was wüßte ich vom Stein, wenn ich mich nicht an ihm gestoßen und mir wehgetan hätte? Was wüßte ich von den Jahreszeiten, wenn ich nicht von der Kälte oder von der Hitze gelernt hätte, wie man darin lebt? Was wüßte ich von Tafelfreuden, wenn ich nicht wüßte, wie mühsam die Arbeit ist?

Lehrt mich nicht etwa der Durst, wie wertvoll das Wasser, und der Hunger, wie wichtig und köstlich die Nahrung ist? Und was wäre für mich ein Kind, wenn ich es nicht durch den brennenden Wunsch nach Vaterschaft, die Freude der Liebe, die Sorge um sein Brot, die Not, es krank zu wissen, und die Traurigkeit beim Gedanken an seine Abwesenheit in der Ferne zu dem meinen gemacht hätte?

Man stelle sich nur einmal für einen Augenblick eine Schöpfung ohne Spannungen, eine Natur ohne Todeskampf, eine Welt ohne Schweiß, einen Leib ohne Freude, ein Brot ohne den Backofen, ein Kunstwerk ohne Schöpfertum, eine große Liebe ohne Erwartungen vor.

Es wäre eine zur Mumie gewordene Schöpfung, eine Welt, in der sich nichts mehr tut, ein Mensch aus wurmstichigem Holz, eine Geschichte ohne Geschehen, ein Kind, das nicht staunt. Es wäre ein einziger großer Tod nach einem nie gelebten Leben, eine geschlossene Schule ohne Schüler, ein Herz, das nichts erkennt.

Und wie wäre das Leben möglich ohne Erkenntnis?

Doch damit ist erst wenig gesagt. Der Weg ist lang, und das Geheimnis bleibt noch verhüllt.

Ein gutes Mahl als Anerkennung dafür, daß ich mich bei der Arbeit abgemüht habe, ist ein schlechter Trost, wenn ich ein Entlassungsschreiben erhalte und fortan arbeitslos bin.

Die Freude über ein Kind ist mir nicht genug, wenn mich unversehens die Nachricht trifft, daß es zum Tod durch Leukämie verurteilt ist.

Die Schönheit und die Möglichkeiten menschlicher Forschung sagen mir wenig, wenn ich eine Rakete abschußbereit in den Himmel ragen sehe.

Da ist noch mehr, vor allem am Ende meines Lebensweges, meiner Mühen und meiner Träume ein Friedhof, der auf mich wartet, und der, was noch schlimmer ist, auf meine Lieben wartet. Und ich fühle mich schon zerstört beim bloßen Gedanken daran, daß ich von ihnen getrennt werde.

Der Todeskampf der Natur, der nach Art schwerer Geburtswehen ständig Leben hervorbringt, überzeugt mich absolut nicht, sondern macht mich oft ratlos.

Da muß noch mehr sein. Das Geheimnis ist noch verhüllt.

Wenn die Erde bebt und das Haus über mir einstürzt, muß ich wieder an der Logik der Schöpfung zweifeln, mag sie mich auch oft mit ihrem Zauber in Staunen versetzt haben.

Wenn das Spital seine Tore auftut, um mein Leiden und meine schlaflosen Nächte aufzunehmen, fällt es mir nicht leicht, Geborgenheit zu empfinden.

Wenn ich sehe, wie der Mächtige sich rücksichtslos brüstet und der Arme vor Erschöpfung stirbt, kommen mir wieder Zweifel an der Gegenwart eines guten und gerechten Gottes. Wenn ich den Becher meines Leidens bis zur Neige koste und mit Augen, die langsam verlöschen, das Ende meiner Erdentage kommen sehe, fällt mir die gute Laune nicht leicht.

Das Mysterium bleibt, oder besser: es ist mir überlegen.

Die Vernunft hilft mir nicht mehr, mein Herz welkt dahin, meine Kräfte lassen mich im Stich. Ich habe in der Finsternis, die mich umgibt, das Empfinden, daß ich anderswo suchen muß. Und das ist nicht leicht.

Aber wo suchen?

Ich will in ihm suchen, da ich ihn ja in dem, was ich in meinem Leben mitmache, zu erkennen begonnen habe. Aber gerade, wenn ich mich in meinen Gedanken mit ihm beschäftige, bleibt die Antwort aus. Er selbst ist wohl das Problem.

Aber wenn du so gut bist, warum läßt du mich denn leiden? Aber wenn du alles vermagst, warum läßt du mich in meiner Not? Was willst du von mir, o Gott? Warum ist dein Wille anders als der meine?

Man könnte fast sagen, mein Schmerz und meine Not ließen dich kalt, da du, ausgerechnet du, es bist, der mich auf die Probe stellt.

Warum, Herr?

Da ich dich jetzt ja nicht mehr vom Hörensagen kenne, sondern von Angesicht, sehe ich, daß du es bist, der mich schlägt. Das habe ich ebenso bemerkt wie Jeremia.

Höre, Herr, was ein Mensch von dir behaupten kann:

Ich bin der Mann, der Leid erlebt hat
durch die Rute seines Grimms.
Er hat mich getrieben und gedrängt
in Finsternis, nicht ins Licht.
Täglich von neuem kehrt er die Hand
nur gegen mich.
Er zehrte aus mein Fleisch und meine Haut,
zerbrach meine Glieder,

umbaute und umschloß mich
mit Gift und Erschöpfung.
Im Finstern ließ er mich wohnen
wie längst Verstorbene.
Er hat mich ummauert, ich kann nicht entrinnen.
Er hat mich in schwere Fesseln gelegt.
Wenn ich auch schrie und flehte,
er blieb stumm bei meinem Gebet.
Mit Quadern hat er mir den Weg verriegelt,
meine Pfade irregeleitet.
Ein lauernder Bär war er mir,
ein Löwe im Versteck.
Er hat mich vom Weg vertrieben,
mich zerfleischt und zerrissen.
Er spannte den Bogen und stellte mich hin
als Ziel für den Pfeil.
In die Nieren ließ er mir dringen
die Geschosse seines Köchers.
Ein Gelächter war ich all meinem Volk,
ihr Spottlied den ganzen Tag.
Er speiste mich mit bitterer Kost
und tränkte mich mit Wermut.
Meine Zähne ließ er auf Kiesel beißen,
er drückte mich in den Staub.
Du hast mich aus dem Frieden hinausgestoßen;
ich habe vergessen, was Glück ist.
Ich sprach: Dahin ist mein Glanz
und mein Vertrauen auf den Herrn.
An meine Not und Unrast denken
ist Wermut und Gift.
Immer denkt meine Seele daran
und ist betrübt in mir. (Klgl 3,1–20)

Das ist eine schreckliche Prüfung. Zu erleben, daß Gott alles kann und dich dann sogar noch absichtlich leiden läßt!

Weil es stimmt, daß er das kann.

Er kann es und hat niemand anders als seinen eigenen Sohn ans Kreuz nageln lassen. Er kann es und läßt zu, daß die Armen von den Mächtigen überrollt und verspottet werden. Er läßt den Unschuldigen leiden, läßt den Gerechten sterben.

Das ist der Karfreitag: die Stunde, in der alle fliehen. Das ist die Stunde der Finsternis.

Wer konnte an jenem Tag, in jener Stunde, die Prophezeiung verstehen, die sogar noch im Tode Jesu enthalten war? Mit solch einem Ende hatte niemand gerechnet.

Die Nacht von Kalvaria ist wirklich der Punkt der dichtesten Finsternis, die ein Mensch auf Erden und in der Prüfung erlebt hat.

Mein Gott, mein Gott,
warum hast du mich verlassen? (Ps 22,2)

Du bist fern meinem Schreien,
den Worten meiner Klage.

Mein Gott, ich rufe bei Tag,
doch du gibst keine Antwort;
ich rufe bei Nacht und finde doch keine Ruhe. (Ps 2.3)

Warum, Herr?
Warum, Herr?
Warum?

Der messianische Traum

Der Mensch, der nachdenkt, hat es auf sich genommen, mit Ijob nach dem Warum des Leidens zu fragen. Aber der Mensch, der liebt, hat einen anderen Lösungsweg versucht: den Traum. Das ist ein Weg, der für Menschen, die Glaubensmut besitzen, wie geschaffen ist.

So schwierig es auch ist, über das Leid ein ungewöhnlicheres, sachgerechteres, menschlicheres und erschütternderes Buch zu finden als das Buch Ijob, so sehr stimmt es aber auch, daß man schwerlich einen schöneren und hoffnungsträchtigeren Traum findet als den *messianischen.*

Hier begibt sich das Wort Gottes auf den außergewöhnlichen Pfad, der eigens für die Kleinen, für die Menschen des Glaubens, geschaffen ist, für die, die reinen Herzens, die arm sind vor Gott, geschaffen für die Träumer.

Man nennt ihn sogar „Traum". An ihm hat sich das Gottesvolk bis zum jubelnden Frohlocken gesättigt.

Er ist tatsächlich ein Traum, ein Traum, der sich die ganze Bandbreite menschlicher Möglichkeiten zu eigen macht und die Wirklichkeit, besonders die leidvolle, dunkle, von Verfolgung bedrängte, blutige, auf eine neue Ebene zu übertragen sucht, auf der alles Freude, Gerechtigkeit und Friede ist und es *keine Trauer, keine Klage, keine Mühsal mehr geben wird* (Offb 21,4).

Dieser messianische Traum ist der gewaltigste Hoffnungsentwurf des Menschen, der sich den Triumph der Wahrheit und der Liebe zum Ziel gesetzt hat. Er ist die Utopie, die zur lebendigen Wirklichkeit wird, wenn man ein Herz besitzt, das den Mut zur Hoffnung aufbringt und spürt, daß die Welt der Auferstehung, und nicht dem Chaos, entgegengeht.

Der messianische Traum findet für alle Schwierigkeiten die Lösung, für alle Unklarheiten, auch die dunkelsten, die Antwort und stillt alle ängstlichen Sorgen.

Letztlich ist der messianische Traum die Kraftquelle, aus der das Gottesvolk auf dem Wüstenzug lebt, er ist Sicherheit in der Unsicherheit, Freiheit im Sklavendasein, Stärke im Unglück, er ist das, was mich die grauenhafte babylonische Gefangenschaft überleben läßt.

So verkündet ihn der Prophet:

Sagt den Verzagten:
Habt Mut, fürchtet euch nicht!
Seht, hier ist euer Gott!
... er selbst wird kommen und euch erretten. (Jes 35,4)

Hier beginnt der Traum.

Es ist jemand da, der kommen und mich retten kann, jemand, der mir helfen wird und mich der Gefangenschaft entreißt.

Aber nicht nur das. Jemand, der die Dinge von Grund auf ändern wird, der neue Zeiten, neue Verhältnisse und neue Wege schaffen wird. Hören wir nur:

Dann werden die Augen der Blinden geöffnet,
auch die Ohren der Tauben sind wieder offen.
Dann springt der Lahme wie ein Hirsch,
die Zunge des Stummen jauchzt auf.
In der Wüste brechen Quellen hervor,
und Bäche fließen in der Steppe.
Der glühende Sand wird zum Teich
und das durstige Land zu sprudelnden Quellen.
An dem Ort, wo jetzt die Schakale sich lagern,
gibt es dann Gras, Schilfrohr und Binsen.
Eine Straße wird es dort geben;
man nennt sie den Heiligen Weg.
Kein Unreiner darf ihn betreten.
Unerfahrene gehen nicht mehr in die Irre.
Es wird keinen Löwen dort geben,
kein Raubtier betritt diesen Weg.
Dort gehen nur die Erlösten.
Die vom Herrn Befreiten kehren zurück
und kommen voll Jubel nach Zion.
Ewige Freude ruht auf ihren Häuptern.
Wonne und Freude stellen sich ein,
Kummer und Seufzen entfliehen. (Jes 35,5–10)

Für mich, der ich blind, taub oder gelähmt bin, bewirkt der Traum eine Veränderung meiner Lebensumstände und versetzt mich in die Hoffnung, in eine Wirklichkeit, die in Erfüllung gehen und für immer mein sein wird. Alles wird anders, auch die verdorrte Wüste, auch die unpassierbaren Straßen, auch der Kummer und das Seufzen.

Und was sagt er mir, den der Anblick des Leidens

unschuldiger Kinder verrückt macht, mir, der ich mich an das tägliche Unrecht, an die Terroranschläge und die Kriege auf dieser verwüsteten Erde gewöhnt habe?

Aus dem Baumstumpf Isais
wächst ein Reis hervor,
ein junger Trieb aus seinen Wurzeln
bringt Frucht.
Der Geist des Herrn läßt sich nieder auf ihm:
der Geist der Weisheit und der Einsicht,
der Geist des Rates und der Stärke,
der Geist der Erkenntnis und der Gottesfurcht.
Er erfüllt ihn mit dem Geist der Gottesfurcht.
Er richtet nicht nach dem Augenschein,
und nicht nur nach dem Hörensagen entscheidet er,
sondern er richtet die Hilflosen gerecht
und entscheidet für die Armen des Landes,
wie es recht ist.
Er schlägt den Gewalttätigen mit dem Stock
seines Wortes
und tötet den Schuldigen mit dem Hauch
seines Mundes.
Gerechtigkeit ist der Gürtel um seine Hüfte,
Treue der Gürtel um seinen Leib.
Dann wohnt der Wolf beim Lamm,
der Panther liegt beim Böcklein.
Kalb und Löwe weiden zusammen,
ein kleiner Knabe kann sie hüten.
Kuh und Bärin freunden sich an
ihre Jungen liegen beieinander.
Der Löwe frißt Stroh wie das Rind.
Der Säugling spielt vor dem Schlupfloch der Natter,

das Kind streckt seine Hand in die Höhle
der Schlange.
Man tut nichts Böses mehr
und begeht kein Verbrechen
auf meinem ganzen heiligen Berg;
denn das Land ist erfüllt
von der Erkenntnis des Herrn,
so wie das Meer mit Wasser gefüllt ist. (Jes 11,1–9)

Nichts übertrifft die Lieblichkeit dieser Vision und die leuchtenden Farben dieses traumhaft schönen Bildes.

Das geht bis zu Behauptungen, die für die Ohren dessen unwahrscheinlich klingen, dem der permanente Kriegszustand und das Wissen um die Bosheit der Mächte, der Pharaonen aller Zeiten, vertraut sind:

Am Ende der Tage wird es geschehen:
Der Berg mit dem Haus des Herrn
steht fest gegründet als höchster der Berge;
er überragt alle Hügel.
Zu ihm strömen alle Völker.
Viele Nationen machen sich auf den Weg;
sie sagen:
Kommt, wir ziehen hinauf zum Berg des Herrn
und zum Haus des Gottes Jakobs.
Er zeige uns seine Wege,
auf seinen Pfaden wollen wir gehen.
Denn von Zion kommt die Weisung des Herrn,
aus Jerusalem sein Wort.
Er spricht Recht im Streit der Völker,
er weist viele Nationen zurecht.

Dann schmieden sie Pflugscharen
aus ihren Schwertern
und Winzermesser aus ihren Lanzen.
Man zieht nicht mehr das Schwert,
Volk, gegen Volk,
und übt nicht mehr für den Krieg. (Jes 2,2–4)

Ja, wir werden unsere Schwerter zu Pflugscharen und die Lanzen zu Winzermessern umschmieden.

Alles Träume?

Ja, Träume, aber Träume, die uns aufleben lassen, die uns Mut machen, die uns unserer Verzweiflung am Dasein entreißen, unserer eigentlichen Sünde, und uns eine andere Welt zeigen, eine Welt, die wir in uns tragen und auf der Stelle verwirklichen würden, wenn es auf uns ankäme.

Wer sagt uns, daß er, „der Himmel und Erde gemacht hat" (Ps 134,3), nicht dieselben Vorstellungen und Wünsche hat wie wir? Und wer sagt uns, daß nicht eigentlich er es ist, der uns den Traum ins Herz schreibt, der uns darauf bringt und uns sagt, wir sollten so vorgehen, daß wir ihn auch verwirklichen können, der uns sagt, daß wir es schaffen ..., daß eine Zeit kommt?

Ja, sie kommt ...

Inzwischen denke ich nach. Und während ich nachdenke und mich besser fühle, schöpfe ich Luft. Dabei kommt mir zustatten, daß ich klein bin. Und es kommt mir zustatten, daß ich arm bin, besonders wenn ich keine Zeit mit unnützen Forderungen vergeude.

Der messianische Traum ist eine Verheißung zwischen Himmel und Erde, ist eine Brücke zwischen zwei Ufern, ein Baum an deinem Pfad durch die Sonnenglut.

Die Eingebung kommt aus der Ferne, aber du bist es, der den Traum lebt. Eingegeben wird er dir durch eine Verheißung, aber deine Sache ist es, ihn auszudenken; er kommt vom andern Ufer, aber du verwirklichst ihn auf deinem Ufer. Ich glaube, er ist der Weg, auf dem Gott uns ruft, uns heranbildet und uns an seine Denkweise gewöhnt.

Wenn du hinhörst, dich in Bewegung setzt, stehenbleibst, nimmt der Traum in dir schärfere Konturen an.

Das spürst du. Du gewinnst Geschmack an ihm, wirst mit seiner Logik vertraut und staunst über seinen Inhalt.

Wieviel Menschen haben sich an dieser Quelle gelabt, haben sich im Schatten dieses Baumes, der an ihrem Wege stand, ausruhen können!

Hört:

Die Wüste und das trockene Land
sollen sich freuen,
die Steppe soll jubeln und blühen.
Sie soll prächtig blühen wie eine Lilie,
jubeln soll sie, jubeln und jauchzen.
Die Herrlichkeit des Libanon wird ihr geschenkt,
die Pracht des Karmel und der Ebene Scharon.
Man wird die Herrlichkeit des Herrn sehen,
die Pracht unseres Gottes.
Macht die erschlafften Hände wieder stark
und die wankenden Knie wieder fest!

Sagt den Verzagten:
Habt Mut, fürchtet euch nicht!
Seht, hier ist euer Gott!
Die Rache Gottes wird kommen
und seine Vergeltung;
er selbst wird kommen und euch erretten. (Jes 35,3–4)

Und wenn jemand noch weint, weil alle leiden, sagt ihm diese Worte:

Tröstet, tröstet mein Volk,
spricht euer Gott.
Redet Jerusalem zu Herzen
und verkündet der Stadt,
daß ihr Frondienst zu Ende geht. (Jes 40,1 f)

Und wenn jemand unter seiner Vergangenheit stöhnt:

Denkt nicht mehr an das, was früher war;
auf das, was vergangen ist,
sollt ihr nicht sehen.
Seht her, nun mache ich etwas Neues.
Schon kommt es zum Vorschein,
merkt ihr es nicht? (Jes 43,18 f)

Und mit seligem Staunen, ganz vom Glauben erfüllt, singt er noch:

Wie willkommen sind auf den Bergen
die Schritte des Freudenboten,
der Frieden ankündigt,
der eine frohe Botschaft bringt
und Rettung verheißt,
der zu Zion sagt:
Dein Gott ist König. (Jes 52,7)

Und wessen König ist dieser Gott? Wo ist er?

Oh, er ist ganz nah und auf der Suche nach dir.

Denn dein Schöpfer ist dein Gemahl,
„Herr der Heere" ist sein Name.
Der Heilige Israels ist dein Erlöser,
„Gott der ganzen Erde" wird er genannt. (Jes 54,5)

Wie weit geht doch der Traum, und er könnte nicht schöner sein!

Ja, Gott ist dir so nahe, daß er dich „Mein Gemahl" nennt! Das nähme sich wie Unsinn aus, wenn es uns nicht vom Worte Gottes gesagt würde.

So ist es aber, und diese erstaunliche Intuition, die den Ruhm des Gottesvolkes ausmacht, zieht sich durch die ganze Bibel.

Wie der junge Mann
sich mit der Jungfrau vermählt,
so vermählt sich
mit dir dein Erbauer. (Jes 62,5)

Und angesichts der Furcht, die dem Geschöpf unaufhörlich zusetzt, fährt er fort:

Auch wenn die Berge von ihrem Platz weichen
und die Hügel zu wanken beginnen –
meine Huld wird nie von dir weichen
und der Bund meines Friedens nicht wanken. (Jes 54,10)

Und da ich weiß, daß du immer noch zweifeln und nur vor dich hin jammern wirst: *Der Herr hat mich vergessen* (Jes 49,14) ..., antwortet er dir wie mit einem Kehrvers:

Kann denn eine Frau ihr Kindlein vergessen,
eine Mutter ihren leiblichen Sohn?
Und selbst wenn sie ihn vergessen würde:
ich vergesse dich nicht. (Jes 49,15)

Und schließlich spricht er zu dir mit unsäglicher Innigkeit:

Sieh her:
Ich habe dich eingezeichnet
in meine Hände. (Jes 49,16)

Willst du noch mehr?

Ich werde es dir sagen – spricht der Herr – aber nicht mehr im Traum, sondern in Wirklichkeit.

Du sollst sehen, was ich für dich tun kann.

Die Wirklichkeit des Reiches und der Exodus des Menschen

Wenn der Traum Traum bleibt, selbst als „messianischer Traum", so gibt es doch eine Wirklichkeit, für die das Evangelium den Namen „Reich" hat. Sie nimmt nach und nach in uns Gestalt an mit all der Schönheit ihres Entwurfes, dem Wunder ihrer Strukturen, der dem Leben eigenen Fruchtbarkeit und der unermeßlichen und liebevollen Schöpfertätigkeit Gottes.

Das Gottesreich ist der Plan des Absoluten, auf den alles hinausläuft, das Endziel der Schöpfung, die Zukunft des Menschen, die Antwort auf seine Fragen nach dem Warum, die Enthüllung aller Geheimnisse.

Alles läuft auf das Reich hinaus, das Christus mit seiner Ankunft ausrufen wollte. Es beantwortet ein für allemal die Fragen, die die sichtbare Welt in uns aufwirft, es ist der Sinn der Geschichte, an der wir mitbeteiligt sind, es ist die Enderwartung der Menschheit.

Das Reich ist unsere Zukunft: Himmel und Erde sind sein Ort, es verwirklicht sich im Sichtbaren und im Unsichtbaren, Gott und der Mensch bewirken sein Kommen. Gottes Herz und das Gewissen des Menschen sind ganz auf das Gottesreich ausgerichtet. Für die Armen, die Kleinen und die Unterdrückten ist es fast selbstverständlich, für die Reichen, die Satten und die Genießer ist es rätselhaft und nicht gefragt.

Wird Jesus doch sagen: *das Reich Gottes wird den Armen verkündet* (vgl. Lk 4,18; Jes 61,1f); denn die Armen sind es, die es erfassen können, auch wenn seine Verwirklichung unvermeidlich ist und keine Macht der Welt es aufhalten kann.

Der Stolz, der Götzendienst ist, glaubt das nicht, aber er stolpert dauernd darüber, da kein Weg daran vorbei führt. Stolperstein ist immer ein Götze, auf den der Stolz trifft und von dem das Wort spöttisch sagt, daß *er Augen hat, aber nicht sieht, Hände hat, aber nicht greift, Füße hat und nicht gehen kann* (vgl. Ps 114/115,5–7). Wenn der Stolz seine Irrtümer einsehen soll, muß man alle Sicherungen zerschlagen und zerstören.

Einzig und allein Gott ist!

Das ist der Eckstein des Reiches.

Nichts kann den Plan und die Vollendung des Reiches aus der Richtung bringen, nichts kann Gottes Willen ändern. Man kann höchstens draußen bleiben, aber alles ist so angelegt, daß das Draußenbleiben eine dauernde Hölle und die Qual der Einsamkeit schon Anlaß genug ist, die Ansicht zu ändern und in gebührender Weise um Einlaß zu bitten.

Die Tugend, die dich dazu bringt, deine Ansicht zu ändern, und die zum klaren Blick verhilft, ist die Demut. Aller Schmerz des Lebens und die ständige Betrachtung des Todes dienen dazu, sie dir richtig beizubringen.

Das ist kein Scherz.

Wer kann Gott widerstehen?

Gewiß steht dir frei, es zu tun, aber es bringt dir nicht viel.

Ich glaube nicht, daß es leicht ist, Gott lange zu widerstehen.

Das Reich, das Gottes Liebe geplant und gewollt hat, ist von einem *Gegenreich* umgeben, in dem der „Böse", der „Zwiespaltstifter", der „Lügner" die Herrschaft ausübt. Es ist so entsetzlich, daß ich – das ist meine ganz private Meinung – nicht glaube, jemand würde auf Dauer für es optieren und sich ihm für immer unterwerfen.

Übrigens kann ich, da ich den König kenne, sagen, daß Liebe und Friede seine Herzenswünsche sind, und daß er alles getan hat und tun wird, damit alle ins Reich gelangen und so gerettet werden.

Das Gegenteil wäre doch seltsam!

Das Reich Gottes ist die große Nachricht, die Botschaft, die Frohbotschaft, zu deren Verkündigung sogar der Sohn des Königs gekommen ist und die er um einen hohen Preis bezeugt hat.

Übrigens war sie diesen Preis wert, denn Jesus hat uns einzig durch das Geschehen seines Todes und seiner Auferstehung alles erklärt. Durch seinen Tod hat er uns den Wert dessen gezeigt, was er uns lehrte. Durch seine Auferstehung hat er uns alle Angst vor dem genommen, was unser Herz bedrückte: die Todesfurcht.

Ja, man konnte auch den Tod besiegen.

Er hat ihn besiegt.

Schwester, Bruder!
Du hast vielleicht dieses Buch zur Hand genommen, weil dich „das seit eh und je verborgene Geheimnis des Leids" – angesprochen hat. Du hast sicher begriffen, daß das Geheimnis mit Schmerz und Tod zu tun hatte, über die man, zumal heute, so viel redet, da die überlieferte Wertordnung zusammenstürzt und die Menschen in ihrem Glauben angefochten sind.

Damit wären wir beim springenden Punkte.

Wenn du das Reich akzeptierst, ist alles klar; wenn du es nicht akzeptierst, ist alles dunkel. Wenn das Reich existiert, das das ewige Leben ist, hat die Frage nach Schmerz und Tod ihren Sinn, wenn es nicht existiert, bleibt alles unerklärlich.

Und darüber mußt du dir im klaren sein: Du wirst nirgendwo eine Lösung finden; du bleibst in banger Ungewißheit und im Dunkel.

Ich weiß, daß ich dir das unter dem Gesichtspunkt des Glaubens sage, aber ich habe keine andere Lesart. Wir sind auf dieser Erde nicht unabhängig. Selbst auf rein natürlicher Ebene sind wir nicht unabhängig und auf eine Sonne in großer Ferne angewiesen. Wenn die Sonne auch nur eine Woche nicht scheinen wollte, würden wir alle in ein eisiges Chaos stürzen und umkommen.

Wie die Erde auf die Sonne angewiesen ist, so ist der Mensch auf seine Sonne angewiesen. Welche Sonne das ist, muß ich noch feststellen, aber ich bin ganz sicher auf eine Sonne angewiesen. Und das ist die Sonne, von der das Leben stammt, zumal mein eigenes mir nicht genügt und ich nach einem Leben strebe, das ewig sein soll.

Es ist nicht auszudenken, daß der Planer des Menschen ihn unsinnigerweise nur für den Tod bestimmt haben sollte. Die Logik verlangt, daß er ihm ein Werden, eine Entwicklung und einen Exodus gegeben hat, und er hat ihn das erkennen lassen, als er ihn zum Bewußtsein heranreifen ließ, das der eigentliche Raum ist, in dem er seiner inne wird, und die wichtigste Entdeckung, die er macht.

Selbst wenn man in dunkle Zonen gerät, registriert das Bewußtsein den Fortbestand und die Ewigkeit des Lebens. Dazu braucht man nicht einmal den üblichen Missionar, der von weither kommt oder der großen Entfernung und der schwierigen Reise wegen nicht kommen kann. Das übernimmt der Schöpfer Geist, der Himmel und Erde gemacht und den Menschen gewollt hat. Er hat ihn nicht sich selbst überlassen und ihm Tag für Tag immer wieder eingeschärft: Du bist ewig, denn du bist mein Kind. Ich habe für dich das Reich geschaffen, und du sollst immer bei mir sein. Die Verkündigung dieses Reiches ist die Frohbotschaft für alle. Es lohnt sich, ihr Gehör zu schenken.

Aber wo ist sie zu hören?

Dazu braucht man nicht in die Ferne zu schweifen: der Ort, an dem wir sie aufnehmen, liegt in uns, tief in jedem einzelnen von uns. Jesu Verkündigung, daß „das Reich Gottes in uns ist“, bietet für alles die Grundlage.

Die Frage war schon lange im Menschenherzen vorbereitet und formuliert. Seit seiner Erschaffung war der Mensch voller Erwartung und hat wie ein staunendes Kind zu begreifen versucht. Wie hätte in ihm, übrigens, die Frage nach Gott aufklingen können, wenn ihm das Ohr zu ihrer Aufnahme gefehlt hätte? Kann der Bräutigam die Braut um etwas bitten, wenn sie gar nicht existiert? Kann der Vater sein Kind rufen, wenn kein Kind vorhanden ist?

In allem geht es wie in der Liebe: das Ja des einen entspricht genau dem Ja des anderen. Zum Zwiegespräch, zur Begegnung, zur Umarmung braucht man zwei.

Allein wird man kaum warm, sagt die Weisheit (vgl. Koh 4,11), und auch das Geheimnis Gottes besteht nicht aus Einsamkeit. Der Vater liebt den Sohn, und der Sohn liebt den Vater, und daraus entsteht als Frucht die Liebe.

Das gilt auch für das Reich: Gott ruft es aus, und der Mensch macht es sich zu eigen. Gott kommt und klopft an, der Mensch erweist sich zugänglich und öffnet die Tür.

Wir werden sogar noch hören, daß man Gastmahl hält und einander am gleichen Tisch gegenüber sitzt. Das ist wirklich schön und, so meine ich, einfach.

Gott entwirft das Muster, und ich spüre, daß dieses Muster auf Linien durchgepaust wird, die schon in mir vorhanden waren.

Das Reich Gottes
ist mitten unter euch! (Lk 17,21)

Es ist so.

Wir können, was das Reich angeht, wirklich sagen, daß es ganz von Gott und ganz vom Menschen abhängt. Es ist gemeinsames Wollen. Es ist ein Bund, eine Geburt, bei der die Erde, auf der der Vater sein Kind gefunden hat, befruchtet worden ist.

Der Mensch ist das Kind, und Gott ist der Vater. Das ist der Kern des Evangeliums. Aber der Vater sucht das Einvernehmen mit dem Kind, und das Kind tut nichts ohne den Vater.

Das Reich Gottes ist wirklich ein Akt der Liebe, und Liebe ist nur möglich, wenn man einander annimmt und beiderseits das Jawort spricht.

So kommt es zu einem gemeinsamen Vorhaben. Da Gott Mensch geworden ist, wird der Mensch vergöttlicht. Da Gott das Gastmahl gerichtet hat, ist der Mensch als geladener Gast unersetzlich. Gottes Tun ist vergeblich, wenn der Mensch nicht mitmacht.

Johannes sieht das so sehr als Einheit, als unteilbare Wirklichkeit, daß er dafür unbedenklich den Weinstock als Beispiel anführt:

Ich bin der Weinstock,
ihr seid die Reben. (Joh 15,5)

Die sichtbare Frucht hängt am Rebzweig, dem Menschen, der unsichtbare Saft ist Gottes unsichtbare und lebenspendende Gegenwart in ihm.

Getrennt von mir könnt ihr nichts vollbringen – sagt Jesus auch noch und verkündet damit, daß Göttliches im Menschen gegenwärtig ist, aber er sagt den Menschen auch: *Ihr seid das Licht der Welt* (Mt 5,14), und bezeugt so, daß der Mensch wirklich für die Sichtbarkeit des Reiches von Bedeutung ist. Und um ein für allemal die Bedeutung des Menschen festzustellen, der auf seinem Lebensweg gereift und daher zur Selbständigkeit gelangt ist, gibt er unbedenklich dem Tempel Ärgernis und wagt die Behauptung, der Mensch stehe über dem Kult, mit den Worten: *Der Sabbat ist für den Menschen da, nicht der Mensch für den*

Sabbat (Mk 2,27), als wolle er prinzipiell unterstreichen, wer der Mensch für Gott ist. Ja, Gott ist tatsächlich für den Menschen der andere, und der Mensch ist tatsächlich der andere für Gott.

Weiter kann man nicht gehen. Selbst der Kult, selbst der Sabbat ist zweitrangig.

Wenn das Reich volle Wirklichkeit wird, so geschieht das allein in der Freiheit der Liebe, in der ohne Vorbedingungen getroffenen Entscheidung der beiden, in beiderseitigem Einverständnis mit dem gemeinsamen Vorhaben. Das Reich wird niemandem auferlegt: man entschließt sich frei zu ihm; und wie sein Angebot ein Akt der Liebe göttlicherseits war, so ist seine Annahme ein Akt der Liebe auf Seiten des Menschen.

Die Möglichkeit, die Annahme zu verweigern und von seiten des Menschen nein zu sagen, wird immer etwas Schreckliches und Entsetzliches bleiben, das mit der menschlichen Freiheit zusammenhängt, und wer auf die Wirklichkeit der Liebe zugeht, hat immer die Hölle im Rücken als den Raum, ohne den seine Freiheit nicht auskommt. Und die Freiheit verlangt sogar, daß man das unerträgliche Ärgernis der Hölle in Kauf nimmt. Wenn es nämlich nur das Paradies gäbe, wäre der Mensch nicht frei. Wenn es nur die Tür zum Vaterhaus gäbe, wären wir vorprogrammiert und kämen uns immer manipuliert oder frustriert vor.

Mitten in der entsetzlichen Wüste – und sie ist wirklich entsetzlich – unserer Entscheidungsmöglichkeiten führt ein Weg ins Land der Verheißung, aber es bietet sich auch die Möglichkeit zur Rückkehr in die ägyptische Knechtschaft.

Im Buch Deuteronium sagt Gott: Ich stelle dir zwei Wege zur Auswahl: das Gute und das Böse. Triff deine Wahl (vgl. Dtn 30,15).

Und diese Wahl ist unser unausweichliches Los. Niemand kann sie von sich weisen, denn Gottes Liebe verlangt sie von uns, und unsere Freiheit muß ihr darauf antworten.

Die Liebe gibt uns die Zeit in ihrem ganzen Umfang zum Antworten, aber die Stunde der Antwort entscheidet ein für allemal. Die Liebe ist nicht so geschmacklos, mir die Antwort in einem unpassenden Augenblick oder in einem Augenblick abzuverlangen, in dem ich mich schwach fühle, aber sie wird sie mir abverlangen. Die Liebe hat ihre Ansprüche und kann nicht ewig warten.

Sieht man das Reich in diesem Licht, so beginnt vieles klar zu werden.

Ich bin für die Ewigkeit bestimmt. Die Ewigkeit ist Liebe. Die Liebe ist ein Bund. Der Bund ist gemeinsames Wollen.

Da geht mir auf, was Johannes in seinem Evangelium sagt: *Alles, was mein ist, ist dein, und was dein ist, ist mein* (Joh 17,10).

Die Interessen Gottes sind die Interessen des Menschen, die des Menschen sind auch die Gottes.

Aber es geht nicht so sehr um Interessen als um Vorlieben. Hier liegt das Problem.

Wie kann man im gleichen Haus wohnen und ... auf alle Ewigkeit, ohne die gleichen Vorlieben zu haben? Wie kann man am gleichen Tisch sitzen mit unterschiedlichen oder – was noch schlimmer wäre – entgegengesetzten Plänen?

„Ich bin für dich am Kreuz gestorben, und du

machst für mich keinen Finger krumm", könnte Jesus mir sagen und dann fortfahren: „Ich bin treu und habe dich nie verraten. Du … verrätst mich am laufenden Band."

„Ich liebe die Armut, und du? Was liebst du?"

Ich war damit einverstanden, erniedrigt, verspottet, zerschlagen zu werden, du hast schon Angst vor dem, was die andern über dich denken. Du zitterst, wenn eine Zeitung schlecht von dir spricht."

Stimmt das etwa nicht?

Die Reise ist lang und heißt „Exodus". Und der Exodus ist der Weg, den der Mensch zurücklegt, wenn er am eigenen Leib die Vorlieben Gottes kennenlernen will. Er ist die Schule Gottes, er ist die Lehrzeit für das Reich, er ist das Heranreifen des Kindes, das wie der Vater werden soll.

Das ganze Leben ist ein Exodus, und ich glaube – auch das ist wieder meine Privatmeinung –, daß dieser Exodus weder mit einem Verkehrsunfall noch mit einem plötzlichen Herzinfarkt noch mit einem Pistolenschuß zu Ende geht, den ein wenig liebenswürdiger Bruder auf mich abfeuert.

Nein, nein, … der Exodus des Menschen dauert viel länger als die Zeit, die man unter der Sonne und auf dieser Erde verbringt, … sehr viel länger. Der Exodus des Menschen umfaßt viel weitere Räume.

Auf Erden hat der Mensch kaum Zeit geboren zu werden wie ein Samenkorn, das einen Keim einen Zentimeter hoch sprießen läßt. Dann kommt der physische Tod, der für ihn das irdische Erleben beendet, während der Keim die eingeschlagene Entwicklung beibehält wie beim Samenkorn, das meterhoch wachsen muß. Dann kommt die Ähre, die für mich die Fülle des Reiches ist, und die Ernte, die in die Scheune gebracht werden muß, wie das Evangelium sagt.

Wenn die Ernte schon in dem Augenblick käme, in dem das Korn eben erst keimt, wehe uns ... Wer von uns erreicht dann das Vollalter Christi?

Aber wir wissen, daß wir das Vollalter Jesu haben müssen, um in die Scheune des Vaters zu gelangen.

Muß man vom gleichen Verlangen beseelt sein wie er, wenn man mit ihm zu Tisch gehen will? *Er war Gott gleich, hielt aber nicht daran fest, wie Gott zu sein. Mensch geworden, entäußerte er sich, wurde wie ein Sklave und willigte in den Sklaventod am Kreuz ein* (vgl. Phil 2,6–8).

Nein, wir gelangen nicht in das Reich, wenn wir uns nicht durch und durch mit den Ansprüchen der Liebe einverstanden erklärt haben, wenn uns nicht das Verlangen beherrscht, aus Liebe und für all unsere Brüder zu sterben, wenn wir nicht auf das Kreuz gestiegen sind und nicht wenigstens der Absicht nach all unser Blut vergossen haben!

Und ihr wollt ins Reich gelangen und habt die Gedanken noch habgierig bei dem Geld, das in euren Schubladen geblieben ist, habt noch das Scheckbuch vor Augen, noch euren Tabakmief in den Kleidern oder das Tütchen mit Rauschgift in der Tasche? Oder – noch schlimmer – den Haß gegen euren Hausherrn oder die Abneigung gegen euren Ehepartner im Herzen?

Es gehört nicht viel dazu, sogar das Reich häßlich und den Tisch des ewigen Mahles widerlich zu finden.

Nein, Schwestern und Brüder, ihr könnt davon

überzeugt sein: der Exodus beginnt beim Empfang der Taufe, die normalerweise eine Wassertaufe ist, und endet, wenn ihr in eurem Blut getauft werdet: das aber ganz und gar.

Wie es Jesus widerfahren ist.

Was mich überzeugend auf den Gedanken gebracht hat, daß der Exodus sich nicht nur auf die Phase erstreckt, die wir auf Erden verbringen, sondern auf eine Zeit, die weit über den physischen Tod hinausreicht, war die Lektüre der Werke des heiligen Johannes vom Kreuz. Dieser spanische Mystiker, dieser erstaunliche Mann mit all seinem Mut schildert in seinen Büchern den *Weg* des Menschen und schildert ihn so gut und so anschaulich, daß man bei der Lektüre sagt: Der weiß das aus eigener Erfahrung. Er macht mir nichts vor.

Und welche Erfahrung hat er auf dem *Weg* gemacht? Er hat erfahren, was Befreiung ist, das, worum es beim Exodus eigentlich geht.

Ein Mensch, der aus Ägypten auszieht, ist ein Mensch, der von Gott zur Freiheit berufen ist, zur völligen Freiheit, zur wahren Freiheit, zur ewigen Freiheit.

Aber welchen Einsatz, welchen Kampf, welche Läuterung kostet es, wenn man frei werden will! Schon sich aus dem Griff der Sinne zu befreien, ist für Sinnenmenschen, wie wir es sind, keine Kleinigkeit.

Die „Nacht der Sinne" zu erreichen, d.h. das Stadium, in dem wir unsere Leidenschaften zu beherrschen und übertriebenem Genuß und Wohlbehagen zu widerstehen lernen, geht nicht ohne Fasten!

Aber das ist noch nichts, es ist erst der Anfang, sozusagen ein Kinderspiel. Auf dem Weg gibt es noch ganz andere Sachen! Er führt in eine andere, sehr viel dunklere und schmerzlichere Nacht, in die „Nacht des Geistes", d.h. die Nacht, in der wir, für die das ständige Reden zur Gewohnheit geworden ist, schweigen lernen müssen.

Immer bereit, mit Fragen zu kommen, würden wir nicht mehr wagen, eine Frage zu stellen.

Wir schweigen wie gebannt von der Größe dessen, der uns gegenübersteht: Gott.

Wir schweigen, ergriffen von Liebe zu ihm.

Jesus selbst ist es, der uns gesagt hat: *An jenem Tag werdet ihr mich nichts mehr fragen* (Joh 16,23).

In der Nacht des Geistes ist der Mensch dazu herangereift, Gott im Dunkel zu lieben, Gottes Absicht zu bejahen, auch ohne sie zu verstehen, in frágloser Ergebenheit die Gottesferne zu ertragen, auch wenn die Liebe uns so zu ihm hindrängt, daß es schmerzt.

Was man da leidet, ist schrecklich, und der heilige Johannes verschweigt uns das nicht.

Aber das ist noch nicht alles; denn auf dem Weg hat sich lediglich die Läuterung des Glaubens und der Hoffnung vollzogen. Um aber den Marsch, den Aufstieg – wie der spanische Mystiker sagen würde – zum Ziel zu führen, muß man die Liebe läutern und in selbstlose Liebe, in „caritas", umwandeln.

Was heißt das? Etwas Einfaches: Jesus auf dem Weg nach Jerusalem nachfolgen. Alles muß ins Gegenteil verkehrt werden.

Habe ich mich bisher an Jerusalem gehalten, weil ich Lust dazu hatte, so muß ich jetzt um Jerusalems willen auf meine Lust verzichten.

Habe ich bisher mein Vergnügen daran gehabt,

andere auszunutzen, so muß ich jetzt mein Leben bedingungslos den Brüdern zur Verfügung stellen.

Habe ich bisher eine Riesenangst vor dem Leiden gehabt, so muß ich mich jetzt mit Jesus dem Kalvarienberg überlassen.

Wie Jesus.

Mein Exodus geht nicht zu Ende, wenn ich in meinem Bett sterbe, sondern wenn ich am Kreuz Christi sterbe.

Man möchte sich davor entsetzen und sagen: „So weit komme ich nie." Und das stimmte wohl auch. Aber wir wissen, daß die Liebe selbst es ist, die dieses Wunder wirkt.

Gott ist Gott, und er ist der Gott des Unmöglichen.

Das eigentliche Geheimnis

Daß Gott existiert, ist kein Geheimnis: das sieht man doch!

Daß der Mensch ewig ist, ist kein Geheimnis: es liegt in der Logik der Tatsachen!

Daß Gott gut ist, ist kein Geheimnis: alle rechtschaffenen Herzen haben das schon erfahren.

Daß Gott schön ist, ist kein Geheimnis: es ist die Inschrift, die alle Blumen, das Meer und die Berge ziert.

Daß Gott unermeßlich ist, ist kein Geheimnis: man braucht nur das All zu betrachten.

Daß Gott das Gedächtnis der Schöpfung ist, ist kein Geheimnis: man braucht nur einmal ein Elektronengehirn anzuschauen.

Daß Gott uns nahe ist, ist kein Geheimnis: man braucht nur ein junges Paar auf der Hochzeitsreise, eine Henne mit ihren Küken, ein Freundespaar im Gespräch oder eine sorgende Mutter zu beobachten.

Worin besteht aber dann das Geheimnis? Es besteht hierin: Gott ist ein gekreuzigter Gott. Gott ist der Gott, der sich entmachten läßt; Gott ist der Gott, der sich im Armen offenbart hat. Gott ist der Gott, der mir die Füße gewaschen hat. Gott ist Jesus von Nazaret.

Dieser Gott war für uns neu.

In unserer Kindheit, der Kindheit des Gottesvolkes, haben wir Ausschau gehalten nach einem starken Gott, nach einem Gott, der uns aus unseren Schwierigkeiten hülfe, einem Gott, der die Bösen ausschaltete, der die Feinde niederwürfe, so daß alle es sehen könnten.

Was geschah aber?

Er erschien als Kind. Er hat als armer Arbeiter Gestalt angenommen und sich nicht seiner göttlichen Kraft bedient, um zu Brot zu kommen. Er hat sich nicht mit den Mächtigen verbündet, um die Herrschaft über die Völker anzutreten. Er hat sich nicht vom Tempel hinabgestürzt und die unangebrachten Wunder gewirkt, die wir sehen wollten, um uns besser abzusichern.

Und als die Prüfung gekommen war, hat er sich ihr nicht entzogen. Er ließ sich nicht einmal von seinen Engeln helfen. Als Mensch, wahrer Mensch, als Mann hat er den Prozeß hingenommen, das Urteil angenommen, sich das Kreuz aufgeladen und ist unter Tränen zur Schädelstätte geschritten, wo er gekreuzigt werden sollte.

Oft habe ich mir auszumalen versucht, was ich wohl gedacht hätte, wenn ich zur Zeit Jesu in Jerusalem gelebt hätte. Meine Mutter hätte mich sicher mit ihm gehen lassen.

Geh, schließ dich ihm an, geh ins Gemeindehaus, in die Pfarrkirche. Hör ihm zu, bleib bei ihm, er ist so gut!

Und ich bin sicher, ich wäre Jesus mit Freuden gefolgt. Ich hätte gewiß Ölzweige geholt und sie ihm dann am unvergeßlichen Tag seines Einzuges in Jerusalem auf den Weg gestreut. Ich hätte als Zeuge seiner Taten und als Hörer seiner Worte rückhaltlos Beifall geklatscht.

Ja, da bin ich sicher. Aber ich bin auch sicher, daß es am Karfreitag anders gegangen wäre.

Da hätte meine Mutter zu mir gesagt: Junge, heute bleibst du zu Hause. Siehst du nicht all die Menschen auf der Straße und all die Soldaten? Geh nicht aus dem Haus. Das ist gefährlich. Bleib hier und schau vom Fenster aus zu. Ich hätte dann als neugieriger Junge meinen Fensterplatz bezogen, um zu sehen, wie es ausgehen würde.

Jesus ist genau unter meinem Fenster vorbeigegangen, und ich habe ihn gefesselt zum Kalvarienberg gehen sehen. Meine Mutter hätte mir zum Trost gesagt: Paß gut auf, Carlo, paß auf: Du wirst sehen, was passiert.

Jesus ist der Messias, aber er ist auch, wie Jesaja uns gesagt hat, der Mann der Schmerzen. Du wirst sehen, er wird hingerichtet, aber dann ... Du wirst sehen, er stirbt nicht. Du wirst sehen, er steigt vom Kreuz herab. Du wirst die Engel sehen. Du wirst das Wunder sehen.

Wie Mose durch das Rote Meer gezogen ist und den Pharao besiegt hat, so wird Jesus, der neue Mose, uns von den Henkern befreien, vom Kreuz steigen und an der Spitze seiner Engel und der bewaffneten Zeloten – auch Petrus trägt einen Dolch im Gewand – in den Tempel ziehen und das messianische Zeitalter eröffnen, das wir so sehnlich erhofft haben.

Schau nur hin, du kannst von deinem Platz aus ja alles sehen, und paß auf. Was siehst du, Carlo?

Ich sehe, daß sie ihn angenagelt haben, sehe, daß

er den Kopf schüttelt, und sehe einen Soldaten, der ihm mit einem Schwamm zu trinken gibt.

Paß gut auf. Jetzt wirst du das Wunder sehen.

Und ich schaute hin. Und was sah ich?

Ich sah, daß Jesus sein Haupt neigte. Mir schien, als hörte ich auch einen Schrei ...

Mama, er ist tot! Mama, er hat sich nicht mehr geregt!

Und meine Mutter hätte mir als gute Jüdin, die ihren Synagogenkatechismus kannte, bei diesem Zusammenbruch unseres Messiasglaubens gesagt: „Er hat uns alle hinters Licht geführt. Er war ein Betrüger. Ein Betrüger wie so viele andere. Es ist doch unmöglich, daß der Messias stirbt. Das ist unmöglich!"

Und ich?

Ich hätte bei mir gesagt: „Wenn meine Mutter das sagt ... Aber gut war er doch!"

Konnte ich nach dem Schlag, den diese Prüfung mir versetzte, noch glauben? Das glaube ich nicht. Ich besitze keinen stärkeren Glauben als die anderen.

Es mußte die neue Wirklichkeit des Geistes kommen. Es mußte die neue Kirche ins Leben treten. Es mußte das Geheimnis enthüllt werden, das seit ewigen Zeiten verborgen war.

Niemand wäre auf den Gedanken gekommen, daß das Leben aus dem Tod geboren und der Messias vom Kreuzesholze aus herrschen würde. Hier versagt das spekulative Denken, und wäre es das aller Theologen auf einmal.

Es war eine Offenbarung. Es war die Offenbarung!

Zu glauben, daß wir von nun an durch Niederlagen den Sieg davontrügen, ging doch zu weit! Zu glauben, daß Gott aus reiner Güte ein Reich der Liebe gründen wollte, ein Reich, in dem die Armen die Ersten wären und die Reichen sich in ihrer Nichtsnutzigkeit und Dummheit am Boden gewälzt hätten, an diesen Umsturz der Werte zu glauben, übertraf wirklich unser Vorstellungsvermögen.

Dazu bedurfte es der Ankunft des Geistes.

Er ist auch gekommen. Und wir haben geglaubt.

Wirklich? Haben wir wirklich geglaubt? Ernstlich geglaubt?

Wie schwer ist es doch, an einen Messias zu glauben, wie Jesus von Nazaret ihn uns verkündet hat. Zu glauben, daß man gewinnt, wenn man sich verliert! Zu glauben, daß die Liebe alles ist. Zu glauben, daß Macht eine große Gefahr, daß Reichtum Knechtschaft, daß Wohlstand ein Unglück ist.

Das ist nicht leicht.

Deshalb hört man auch den Mann auf der Straße sagen: „Das Leid beweist schon, daß es keinen Gott gibt!"

Obgleich inzwischen zweitausend Jahre vergangen sind, gibt es Christen, die noch Taufunterricht brauchen wie im Altertum, der Zeit, in der sich die Macht und die Existenz Gottes in der Stärke eines Staatswesens und im Sieg der Armeen offenbarten. Vor allem im Wohlergehen und im reichen Besitz.

Das eigentliche Geheimnis hatte man noch nicht begriffen. Das ist tatsächlich auch heute noch nicht so ganz einfach.

Deshalb schimpft man ja weit und breit so erbost

über das Reich und leugnet angesichts von Leid und Tod seine sichtbare Existenz. Was man uns früher gepredigt hat – daß wir stark sein müssen, daß die Kirche mächtig sein muß –, schürt auch heute noch die Lust, das Land zu besitzen und die Welt zu beherrschen.

Wir müssen uns bemerkbar machen. Wir müssen uns bei unsern Gegnern durchsetzen. Jetzt aber 'ran! Wir müssen siegen, und dazu brauchen wir Geld, Geld und nochmals Geld. Und um zu Geld zu kommen, brauchen wir Banken, brauchen wir Hilfsmittel, brauchen wir tüchtige Bankiers. Wie sollen wir denn Gutes tun ohne Mittel, ohne Geld? Wir veranstalten eine Großkundgebung, so daß sich jeder, der nicht unserer Meinung ist, vor Scham verstecken wird. Und dann ... müssen wir unsere Rechte, die Rechte der Kirche verteidigen. Wir müssen unsere Feinde niederwerfen. Feinde, immer Feinde am Horizont der Kirche, selbst wenn Jesus uns mit deutlichen Worten gesagt hat, daß wir keine Feinde mehr haben, zumal ja gerade sie es sind, die wir lieben müssen ..., und wie ich meine, sogar ganz besonders.

Ist es denn möglich, daß wir das nicht verstanden haben? Lesen wir denn in unseren Kirchen das Evangelium? Wie lange wollen wir denn noch mit der Befolgung der Lehre Jesu warten?

Wann wollen wir denn lernen, unter die Leute zu treten, gekleidet wie Jesus, wie Franziskus, anstatt in Gewändern aufzutreten, als gingen wir zu einer Vorführung glanzvoller Staatsgewänder, wie die Priester sie trugen, wenn sie auf dem Tempelplatz in Jerusalem auftraten?

Hat sich denn durch den Erdenwandel Jesu von Nazaret nichts geändert? Haben wir uns denn nicht klarzumachen versucht, warum er die Demut an die Stelle des Stolzes, die Einfachheit an die Stelle der Kompliziertheit, die Armut an die Stelle des Reichtums und das Dienen an die Stelle des Herrschens gesetzt hat?

Müßte nicht Schluß sein mit den heiligen Kriegen, den Kreuzzügen und dem Aufstellen von christlichen Kadern zur Verteidigung der Privilegien der Kirche?

Daher ist es auch schwierig, das eigentliche Privileg dessen, der Christus folgen will, das Privileg des Kreuzes, zu verstehen, und noch schwierigier, es in die Praxis umzusetzen. Daher fällt es mir in meinem alten Heidenherzen schwer, den eigentlichen Sinn der Seligpreisungen zu erfassen.

Sie klingen so unwahrscheinlich für Christen unseres Schlages, die die Taufe empfangen haben, wie man sich mit ein paar Tropfen Wasser besprengen läßt. Lesen wir doch noch einmal diese Seligpreisungen, die uns keineswegs beseligen, und lesen wir sie, wenn aus keinem anderen Grunde, um uns still zu schämen.

Selig, die arm sind vor Gott;
denn ihnen gehört das Himmelreich.
Selig die Trauernden;
denn sie werden getröstet werden.
Selig, die keine Gewalt anwenden;
denn sie werden das Land erben.
Selig, die hungern und dürsten nach der Gerechtigkeit;
denn sie werden satt werden.

Selig die Barmherzigen;
denn sie werden Erbarmen finden.
Selig, die ein reines Herz haben;
denn sie werden Gott schauen.
Selig, die Frieden stiften;
denn sie werden Söhne Gottes genannt werden.
Selig, die um der Gerechtigkeit willen
verfolgt werden;
denn ihnen gehört das Himmelreich.
Selig seid ihr, wenn ihr um meinetwillen
beschimpft und verfolgt
und auf alle mögliche Weise verleumdet werdet.
Freut euch und jubelt:
Euer Lohn im Himmel wird groß sein.
Denn so wurden schon vor euch
die Propheten verfolgt. (Mt 5,3–12)

Und doch hat Jesus sich über uns und unser heidnisches Herz hinweggesetzt und das Reich gestiftet. Und dieses Reich gelangt zur Vollendung. Und es wächst wie das Korn, und es wächst, auch wenn der Bauer nicht dauernd nachsehen geht. Jesaja sagt in seinem 55. Kapitel (9–11):

So hoch der Himmel über der Erde ist,
so hoch erhaben sind meine Wege über eure Wege
und meine Gedanken über eure Gedanken.
Denn wie der Regen und der Schnee vom Himmel fällt
und nicht dorthin zurückkehrt,
sondern die Erde tränkt
und sie zum Keimen und Sprossen bringt,
wie er dem Sämann Samen gibt und Brot zum Essen,
so ist es auch mit dem Wort,
das meinen Mund verläßt:

Es kehrt nicht leer zu mir zurück,
sondern bewirkt, was ich will,
und erreicht all das, wozu ich es ausgesandt habe.

Das ist *die Wahrheit.*

Der Wille Gottes geht auch ohne uns in Erfüllung und ... manchmal auch mit uns. Das Wasser seines Wortes – so sagt der Prophet hoffnungsvoll – kehrt nicht leer zu ihm zurück, *ohne bewirkt zu haben, was ich will, und ohne erreicht zu haben, wozu ich es ausgesandt habe.*

Ja, das Reich wird vollendete Wirklichkeit, und es wird auch dann Wirklichkeit, wenn man es blockiert. Es wird auch in Zukunft machtgierige Menschen geben, mögen sie sich auch ein christliches Mäntelchen umhängen. Aber auch die Heiligen wird es in Zukunft geben.

Viele werden weiter verbissen am Denken des alten Menschen festhalten und sich an die Gerechtigkeit und den Kult klammern, aber auf dem Grund der Herzen, in die der Geist Jesu gekommen ist, wird die Neuheit des Reiches mit Macht aufbrechen, und ganz allmählich, Tag um Tag, wird das Gute das Böse, die Barmherzigkeit die Rache, das selbstlose Dienen aus Liebe das Handeln aus Egoismus und Stolz überwinden.

Vor allem wird von Mal zu Mal die Zahl derer wachsen, die mit Freuden das Ärgernis der Worte hinnehmen, die Jesus an den Schächer gerichtet hat, der neben ihm am Kreuz seine Schuld bekennt: *Heute noch wirst du mit mir im Paradies sein* (Lk 23,43).

Eine so radikale Absolution für einen so offenkundigen Sünder klingt unwahrscheinlich. Daran kein Ärgernis zu nehmen, heißt wirklich, daß die Barmherzigkeit in ihrer Bedeutung einen Entwicklungssprung gemacht hat.

Es ist der Sprung in das Reich der Gnade, das Reich, in das sogar die Dirnen und die Zöllner eher gelangen als du, wenn du auf deine angebliche Gerechtigkeit baust.

Es ist das Reich der Armen, der Triumph der Randexistenzen, der Unterdrückten und der Allerletzten. Es ist das Reich, in dem Vergebung die Landeswährung ist, und die Banken nur die Schätze horten, die aus der Liebe und dem Leid der Menschen stammen. Es ist das Reich, in dem es keinen Wettlauf um Geld und Wohlstand gibt, wohl aber den Wettbewerb im Dienst an den Brüdern und in der Nächstenliebe. Das Reich, in dem das Martyrium den ersten Platz einnimmt.

Wie außerordentlich müssen doch diese Umkehr der Werte und der Anblick der Mächtigen sein, die, wie das „Magnifikat" singt, von ihren Thronen stürzen. Versuchen wir einmal, es mit Maria nachzusprechen.

Meine Seele preist die Größe des Herrn,
und mein Geist jubelt über Gott, meinen Retter.
Denn auf die Niedrigkeit seiner Magd
hat er geschaut.
Siehe, von nun an preisen mich selig
alle Geschlechter.
Denn der Mächtige hat Großes an mir getan
und sein Name ist heilig.
Er erbarmt sich von Geschlecht zu Geschlecht
über alle, die ihn fürchten.

Er vollbringt mit seinem Arm machtvolle Taten:
Er zerstreut, die im Herzen voll Hochmut sind;
er stürzt die Mächtigen vom Thron
und erhöht die Niedrigen.
Die Hungernden beschenkt er mit seinen Gaben
und läßt die Reichen leer ausgehen.
Er nimmt sich seines Knechtes Israel an
und denkt an sein Erbarmen,
das er unsern Vätern verheißen hat,
Abraham und seinen Nachkommen auf ewig.

(Lk 1,46–55)

Eine von uns, die das seit ewigen Zeiten verborgene Geheimnis restlos begriffen hat.

Um Blut erkauft

Ja! Das eigentliche seit ewigen Zeiten verborgene Geheimnis ist der gekreuzigte Gott.

Er ist ein Gott, der sich aus Liebe in Christus entäußert und zur Rettung seines Geschöpfes mit seinem Blut bezahlt. Wer das Antlitz eines furchtbaren Rachegottes entworfen hat, eines Gottes, der verdammt, soll ruhig seinen Entwurf durchstreichen und auf den Knien um Vergebung bitten, weil er Gott zugetraut hat imstande zu sein, sich zu rächen.

Wenn er uns gesagt hat: *Liebt eure Feinde, tut denen Gutes, die euch hassen* (Lk 6,27), dann überlegt doch einmal, ob er sich eines anderen Maßstabes bedient, wenn er mit uns abrechnet.

Die Liebe, die wahre Liebe, kann nur helfen, wiederherstellen, sorgen und geht dann am Kreuz so weit, dem Straßenräuber, der sich an ihn wendet, zu sagen: *Heute noch wirst du mit mir im Paradies sein.* (Lk 23,43)

Wieviel Hoffnung und wieviel Güte liegt in dieser Schreckensszene auf dem Kalvarienberg, und sie ist sogar der Augenblick der Geburt der Kirche, der Kirche Jesu, in der Begegnung zwischen Gott und Mensch, in der die Liebe das Wunder der ewigen Versöhnung wirkt.

Heute noch wirst du mit mir im Paradies sein.

Das ist das Heute Gottes. Es ist das Heute der Kirche. Es ist das absolut Neue. Es ist das Blut, das uns loskauft. Der Mensch wird mit dem Blut eines Gottes erobert.

Es wäre uns sicher nie gelungen, dieses Antlitz Gottes zu entdecken, wenn uns nicht die Menschwerdung beschieden gewesen wäre. Und wenn uns das Leiden und der Tod Jesu nicht beschieden gewesen wären.

Und wenn wir das Evangelium nicht in Händen gehabt hätten, das uns Straßenräubern, uns Übeltätern und Verrätern dieses: *„Heute, heute, heute wirst du mit mir im Paradies sein"*, zuruft.

Ein so radikales, so umwerfendes Wort der Lossprechung klingt unwahrscheinlich. Zumal für unsere Ohren. Waren wir doch davon überzeugt, daß dieser vom Tod ereilte Straßenräuber jetzt dem ewigen Strafgericht verfallen würde.

Aber was will denn dieser skandalöse Gott, der im Gericht über das Leben die Übeltäter freispricht und sie für Individuen hält, die Liebe verdienen?

Ja, er ist ein skandalöser Gott. Er ist ein Gott, der unbedenklich das Heilige aus den Angeln hebt, um die Vorrangstellung des Menschen zu verteidigen.

Denken wir zum Beispiel an die hitzige Debatte, die seine Jünger ausgelöst hatten, als sie an einem Feiertag, an dem man es nicht durfte, Getreideähren zu pflücken gewagt und so gegen die Gesetze verstoßen hatten.

Der Mensch ist nicht für den Sabbat da, sondern der Sabbat für den Menschen (vgl. Mk 2,27).

Der Mensch zählt, nicht das Gesetz.

Und für den Menschen stirbt Jesus und macht so

durch sein Handeln deutlich, welch großen Wert der Mensch darstellt. Das war bei uns nicht üblich. Bei uns war vielmehr üblich, einen Gesetzesübertreter zu liquidieren, ihn zu foltern, wenn er sich vergangen hatte, und ihn in die Hölle fahren zu lassen, wenn die Justiz ihn erwischte.

Jesus hingegen stirbt für den Menschen und sagt, der Sabbat sei für ihn da. Welche Würde erlangt der Mensch, von Jesus in Schutz genommen und mit dem Blute Gottes erkauft!

Und wir vertun noch unsere Zeit mit dem Gesetz. Noch zweitausend Jahre nach der Verkündigung dieser Botschaft kommen wir wieder auf den Gedanken, daß man besser mit gewissen Sündern hart verfährt! Daß uns ein bißchen Strenge gut ansteht. Daß es vielleicht besser ist, die eine oder andere bedenkliche Gestalt aus Schicklichkeitsgründen von den Kirchen fernzuhalten.

Wenn ich daran denke, wie man zu Beginn dieses Jahrhunderts modernistische Priester behandelt hat, schäme ich mich für eine Kirche, die immer eher versucht ist, sich nach rückwärts zu wenden, und die Schwierigkeiten hat, sich bereitzufinden so zu verzeihen, wie Jesus es getan hat.

Wenn ich an die Religionskriege und an das merkwürdige Vorgehen der Inquisition mit Häretikern und Hexen denke, kann ich mich des Gedankens nicht erwehren, daß es leicht ist, die Taufe zu empfangen, aber schwer, die Liebe so zu erlernen, wie Christus es uns gelehrt hat!

Wie ist es nur möglich, die schönsten Gleichnisse Jesu über die Barmherzigkeit aus den Augen zu verlieren und nicht zu merken, daß das eigentliche Geheimnis der Liebe, das Jesus uns offenbart hat, alle Religionen der Welt auf den Kopf gestellt hat, die sich für die Verteidigung von Recht und Sitte stark machen und wohl immer gern zu einem Verdammungsurteil bereit sind?

Es ist doch schwer, zu lieben, es ist schwer, zu vergeben, wirklich zu vergeben. Es ist schwer für uns und schwer für die Kirche.

Einer Ehebrecherin zu vergeben, einem abgefallenen Priester zu vergeben, verträgt sich nicht mit den Gefühlen im Kreis der Frommen, und es ist sicher leichter, diesen Kreis sogar dem Wort Gottes vorzuziehen. Um kein Ärgernis zu geben, um gutes Beispiel zu geben ist es besser, sich dem Ärgernis des Kreuzes, das eine Beleidigung für die Gerechtigkeit darstellt, zu versagen. Zur Verteidigung der guten Sitten ist es folgerichtiger, man exkommuniziert jemanden oder verweigert ihm den Empfang der Eucharistie.

Wenn wir so handeln, stoßen wir die Gemeinschaft nicht vor den Kopf, die Gerechtigkeit will und das Bedürfnis hat, den Sünder bestraft zu sehen.

Wir sind noch nicht zu der Erkenntnis durchgedrungen, daß der Mensch mit Blut erkauft worden ist und daß nach den Worten Jesu *niemand seinen Bruder so liebt wie der, der sein Leben für seinen Bruder hingibt* (vgl. Joh 15,13).

Und Gott selbst bezeugt uns das durch sein Beispiel.

Um Blut ist der Mensch erkauft worden.

Die Liebe steht über dem Gesetz.

Die Vergebung steht unter den Gesetzen der Gemeinschaft, die Jesus gewollt hat, an erster Stelle. Das wollen wir nicht vergessen.

Aber wenn sich dennoch bei uns, in unserem Herzen, so etwas wie ein unerbittlicher Anspruch auf Gerechtigkeit und Licht festgesetzt hat, ein unausweichlicher Drang, das Gesetz zu wahren, Fehltritte zu bestrafen und kein menschliches Fehlverhalten auf Kosten Unschuldiger durchgehen zu lassen, dann wollen wir daran denken, daß es ein Gesetz der Vergebung gibt, das alles viel besser in Ordnung bringen kann als wir und, insofern es danach dürstet, angesichts der Gerechtigkeit klare Verhältnisse zu schaffen, viel unerbittlicher und härter ist als wir selbst.

Habe ich es erst einmal in meinem Inneren entdeckt, so habe ich auch begriffen, daß Gott nicht auf die Gerechtigkeit verzichtet, auch nicht, wenn er mich in seinem Blut wäscht.

Dies ist das Gesetz: der Mensch straft sich schon ganz von selbst durch seine eigene Bosheit. Ein Mensch, der sündigt, geht ganz von selbst in seine Hölle und wird von dem Mechanismus, den er ausgelöst hat, gezwungen, den bitteren Kelch seiner Fehltritte, seiner Überheblichkeit, seines Egoismus und seines Ungehorsams dem Gesetze Gottes gegenüber bis zur Neige zu leeren.

Nein, meine Brüder, Freude hat der Sünder nicht zu erwarten, und wer sich der Liebe entzieht, hat keine Zukunft.

Wohin will ein Mensch, der das Vaterhaus verläßt, denn fliehen? Wo findet denn jemand, der von der Liebe nichts wissen will, Frieden, Ruhe, Beschaulichkeit und Freude? Seine Vermessenheit vergeht unter dem Druck seiner Laster. Angstträume füllen seine Nächte aus, er wird zum Sklaven der Furcht, der Götzendienst führt ihn zu tödlichem Überdruß. Ohne Gott kann man nicht leben, und wer vor ihm flieht, ist schon in der Hölle.

Als der Verlorene Sohn schmutzig, in stinkenden Lumpen und dem Verhungern nahe wieder nach Hause kommt, sollte der Vater ihn da wohl in eurer Sicht mit Prügeln empfangen? Seine eigentlichen Prügel hat er doch schon erhalten, als er im fernen Land weilte, in dem Höllenloch, das man „Sünde", „Welt", „Stadt" und „schönes Leben" nennt.

Habt Ihr denn nie die Traurigkeit auf dem Grund der Augen dessen wahrgenommen, der auf der Flucht ist vor der Liebe?

Kennt Ihr denn nicht den Todeskampf der Stadt in ihren Sünden? Die moderne Großstadt hat mir einmal Angst eingeflößt: diese schreckliche Finsternis, in der die Menschen sich in ihren Lastern wälzen, wo Gewaltverbrechen und Erpressung zu Hause sind, wo man wie schwachsinnig lacht und einander aus bloßem Vergnügen Böses antut.

Das kam mir vor wie eine Niederlage Gottes! Man handelte dort genau dem zuwider, was das Evangelium gepredigt hat.

Man konnte wirklich sagen, daß „die Welt", die Jesus Christus selbst mit seinem schrecklichen Urteil gebrandmarkt hatte: *Für die Welt bitte ich nicht* (Joh 17,9), dort ihre Triumphe feierte. Es war das Anti-Evangelium.

Heute verstehe ich das anders, denn ich habe die Milde der Seligpreisungen schätzen gelernt und kann daher mit gutem Gewissen sagen, daß die Welt, jene Welt, sich schon ganz allein straft, sich selbst die Unterwelt gräbt, mit ihren verrückten Neigungen ihrer eigenen Verzweiflung Vorschub leistet, ihre grauenhaften Gefängnisse baut und an ihrer eigenen Auflösung arbeitet.

Wie der Mensch es fertiggebracht hat, die Atombombe zu bauen, um sich eigenhändig umzubringen, so hat er es auch fertiggebracht, sich mit seinen Drogen, seinem Wahnsinn, seiner Gewalttätigkeit, seiner Lieblosigkeit und seiner Lüge in seine Bestandteile aufzulösen.

Und ihr wollt, daß Gott den ganzen Kram in die Hölle spediert? Das ist nicht nötig, er ist schon in der Hölle! Die Hölle, das ist nämlich die Abwesenheit Gottes.

Wenn ich sehe, wie hier und da ein Kirchenmann die ewigen Strafen auf die Sünder herabruft, kommt es mir vor, als befände ich mich in der Gegenwart eines Menschen, der keinen Blick für das hat, was ringsum passiert; eines Menschen, der keinen Begriff hat von der Wirklichkeit des in die Sünde verstrickten Menschen und von der Welt, die bis zum Hals im Sumpf des Todes steckt.

Liegt euch die Gerechtigkeit so sehr am Herzen? Keine Sorge: die Gerechtigkeit setzt sich auch aus eigener Kraft durch, ohne eure heiligen Entscheidungen.

Wenn man sich auf der Welt nicht wohlfühlt, wenn es keinen Frieden, wenn es Unruhe gibt, so liegt das daran, daß der Garten, den Gott in Eden gestiftet hatte, sich in eine faulende Kloake verwandelt hat.

Wenn ein Arbeiter arbeitslos ist oder ein Kind Hunger leidet, dann stellt nicht die Frage nach der Existenz Gottes, sondern fragt lieber, was die verrannten Politiker und die Mächte des allenthalben organisierten Verbrechens treiben.

Wenn die Mutter Krebs hat, wenn das Blut erkrankt, wenn der Wald stirbt, wenn das Meer faulig stinkt und die Flüsse keine Fische mehr haben, stellt euch nicht die Frage, ob die Natur unser Feind ist, sondern fragt einmal, wozu die maßlose Gier des Menschen geführt hat, der alles Schöne ausgelöscht hat, weil er nach immer größerem Profit trachtet.

Schrecklich ist die Hölle, die der Mensch sich eigenhändig schaffen kann! Die Opfer füllen die Spitäler, die Heilanstalten können die Geisteskranken nicht mehr fassen, die ihr Gehirn mit ihren Lastern zur Auflösung gebracht haben, die Gefängnisse sind Monumente einer Versklavung, die keine Grenzen kennt.

Armer Mensch!

Und wenn du leidest, fragst du noch, wie Gott es fertigbringt, zu existieren? Wie bringt ein Gott der Liebe es fertig, zu existieren?

Frag dich lieber, wie der Mensch es fertigbringt, so verrückt, so schlecht zu sein! Frag dich, ob nicht auch du Verantwortung für diesen ungeheuren Zusammenbruch trägst! Frag dich, wo es Rettung gibt auf diesem sturmgepeitschten Meer voller treibender Leichen!

Ja; und da ist noch etwas, das ich mit der Zeit entdeckt habe. Es ist furchtbar, was in einer Welt passiert, die die Wirklichkeit Gottes, die Harmonie Gottes und die Schönheit Gottes nicht anerkennt und ihr Gegenteil zum Bau benutzt: die Unordnung, die Überheblichkeit, das Geld, das Laster und den Krieg.

Ich glaube, daß der Bau nicht lange steht und in seine eigene Fäulnis stürzt.

Hier kann man denn feststellen, wie schrecklich die Folgen der Sünde des Menschen sind.

Dann wirst du über die Strenge Gottes sprachlos sein und es wird dir unmöglich vorkommen, daß er, den man als Liebe verkündet hat, vor dem Ruin schweigt, den der Mensch verursacht hat, weil er seinen Gesetzen nicht gehorchen wollte.

Die Gerechtigkeit ist grenzenlos brutal, wenn sie dir beweisen will, daß *sich jeder, der daran baut, umsonst müht, wenn der Herr nicht das Haus baut, und daß der Wächter umsonst wacht, wenn nicht der Herr die Stadt bewacht* (Ps 127,1).

Gott ist viel gestrenger als der Mensch und schreckt nicht davor zurück, dich zu zerfetzen, wenn du dich gegen die Liebe sperrst.

Er zertrümmert dich bis zur letzten Zelle. Er zerstört all deine Träume, all deine Luftschlösser. Er läßt nichts Schmutziges, Zweideutiges und Dunkles in dir übrig.

Aber um dich zu besitzen und zur Einsicht zu führen, schafft er dich neu und bedient sich dazu der Trümmer deines zerstörten Hauses.

Er läßt dich demütig werden und bedient sich dazu deiner Niederlagen. Er stellt deine Jungfräulichkeit wieder her aus dem dumpfen Dunst deiner Sinnlichkeit. Er bringt dich in sein Reich und wirft den Sack mit all deinen törichten Verirrungen weg.

Er führt dich in die Wüste und umarmt dich in deinen Tränen mit den Worten: Jetzt hast Du gesehen, daß *du getrennt von mir nichts vollbringen kannst* (Joh 15,5).

Gott ist die gewaltige Synthese aller Gegensätze, und in ihm verbinden sich Leben und Tod, begegnen einander Gerechtigkeit und Barmherzigkeit, sind Licht und Finsternis sein Gemach.

Aus diesem Grund läßt sich auch nur schwer begreifen, wie er zu lieben versteht, und daß seine Art zu lieben, indem er dich leiden läßt, das seit ewigen Zeiten verborgene Geheimnis ist.

Ich bin für dich gestorben – sagt er mir auf dem Kalvarienberg –, lerne auch du nun, ein wenig für mich zu sterben.

Wenn du stirbst, wirst du das Geheimnis begreifen. Doch wirst du es nur begreifen, wenn du aus Liebe stirbst wie ich.

Die Liebe läßt nicht mit sich spaßen

Im Psalm 137 findet sich eine Wendung, die so schrecklich klingt, daß sie anstößig erscheinen könnte. Ich habe schon viele bis zu der Stelle kommen und dann den Vers auslassen sehen. Lesen wir ihn einmal ganz ruhig.

Er enthält das Gebet eines Verbannten, eines Menschen, der aus seiner Heimat verschleppt worden ist und seinem Schmerz Luft macht. Und wenn er an seine bösen Erlebnisse denkt, schleudert er seinem Feind einen Fluch entgegen:

Wohl dem, der deine Kinder packt
und sie am Felsen zerschmettert!

Und so lautet der ganze Psalm:

An den Strömen von Babel,
da saßen wir und weinten,
wenn wir an Zion dachten.
Wir hängten unsere Harfen
an die Weiden in jenem Land.
Dort verlangten von uns die Zwingherren Lieder,
unsere Peiniger forderten Jubel:
„Singt uns Lieder vom Zion!"
Wie könnten wir singen die Lieder des Herrn,
fern, auf fremder Erde?

Wenn ich dich je vergesse, Jerusalem,
dann soll mir die rechte Hand verdorren.
Die Zunge soll mir am Gaumen kleben,
wenn ich an dich nicht mehr denke,
wenn ich Jerusalem
nicht zu meiner höchsten Freude erhebe.
Herr, vergiß den Söhnen Edoms
nicht den Tag von Jerusalem;
sie sagten:
„Reißt nieder, bis auf den Gund reißt es nieder!"
Tochter Babel, du Zerstörerin!
Wohl dem, der dir heimzahlt,
was du uns getan hast!
Wohl dem, der deine Kinder packt
und sie am Felsen zerschmettert!

Das scheint doch kein passendes Gebet zu sein!

Kann man sich so im Zorn ereifern? Kann man in einem Gebet die Worte sprechen: *Wohl dem, der deine Kinder packt und sie am Felsen zerschmettert?* Kann man das?

Wie kann ich denn annehmen, daß der Geist als Urheber hinter dieser Bitte steht?

Der Gott, der mir mit allem Nachdruck geboten hat: Liebt eure Feinde; tut denen Gutes, die euch hassen (Lk 6,27).

Wie kann ich das?

Hier stehen wir tatsächlich vor einer der vielen Widersprüchlichkeiten des Evangeliums, deren Sinn uns erst in viel späteren Jahren, im reifen Alter, aufgeht.

Hier auf Erden können wir uns angesichts unseres Unvermögens der Wahrheit nur mittels einer Synthese annähern, nämlich der berühmten Synthese der Gegensätze.

Ein Beispiel.

Ich behaupte: Gott ist es, der alles bewirkt; das stimmt auch. Aber wo ist dann noch Platz für die Freiheit, für die Freiheit des Menschen? So sage ich denn: „Der Mensch ist es, der sein eigenes Heil wirkt."

Wo liegt die Wahrheit? Ist es Gott, der den Menschen rettet, oder rettet der Mensch sich selbst?

Die Wahrheit liegt in der Synthese der beiden Gegensätze, und es ist nicht einfach, die Nahtstelle zwischen beiden zu finden.

Ich weiß, daß Gott es ist, der mich rettet, weiß aber auch, daß ich mich um meine Rettung selbst bemühen muß.

Ein anderes Beispiel.

Ich behaupte: Gott ist barmherzig; das stimmt auch. Gott ist die Liebe. Aber unversehens sagt mir das Gotteswort: *Es ist furchtbar, in die Hände des lebendigen Gottes zu fallen* (Hebr. 10,31).

Wo liegt die Wahrheit? Liegt sie in der Barmherzigkeit oder im Schrecken, im Paradies oder in der Hölle?

Die Synthese der Gegensätze ist für das Gotteswort zweifellos eine Methode, deren sich das Evangelium bedient, um uns ganz allmählich in die Wahrheit, in die ganze Wahrheit, einzuführen. Der Wahrheitsprozeß bewegt sich zwischen Gegenpolen.

Gott ist alles – rufe ich aus –, und dann fällt mir ein, daß auch ich alles bin.

Gott ist die Liebe – singe ich – und dann fällt mein Blick auf den Schweiß Jesu in Getsemani.

Was ist denn das für eine Liebe, wenn Gott seinen Sohn Blut schwitzen läßt? Wie kann ich an die Güte und die Barmherzigkeit des Absoluten glauben, wenn er mich Hungers sterben läßt? Und wenn er seinen Sohn Blut schwitzen läßt?

Darum geht es im Grunde.

Kommen wir wieder zum Psalm 137. Was bedeutet dieser Aufschrei der Gerechtigkeit, die sich nach Babylon verschleppt sieht und beim Gedanken daran, daß man ihre Kinder vor ihren eigenen Augen an den Mauern von Jerusalem zerschmettert hat, ihrem Feind ins Gesicht schreit: *Wohl dem, der deine Kinder packt und sie am Felsen zerschmettert?*

Das ist kein Aufschrei Gottes, der Rache sucht, sondern die Klage eines Menschen, der etwas zu verstehen sucht.

Doch jetzt aufgepaßt, Mensch!

Ich habe zugeschaut, wie du die Kinder der Verschleppten an den Bastionen von Jerusalem zerschmettert hast. Das habe ich gesehen. Und ich habe mich auf ihre Seite gestellt.

Gott steht auf der Seite des Armen, des Verbannten und des Verschleppten.

Mensch, denk daran!

Bedenke: Gott vergißt nicht! Gott behält jeden im Gedächtnis, der einmal verfolgt worden ist.

Es gibt wirklich einen in der Welt, der aufpaßt, der wahrnimmt, der aufschreibt und sich erinnert. Und dieser eine läßt nichts durchgehen, läßt dich nicht auf den Gedanken kommen, Gut und Böse seien dasselbe, er läßt es dich nicht einfach bei einem Gläschen vergessen und ungestraft das Blut anderer vergießen.

Du würdest es vergessen. Er kann nicht vergessen. Und warum nicht?

Weil Gott von seinem Wesen her Liebe ist und auch du es von deinem Wesen her werden mußt, wenn du sein Kind werden willst.

Und wie kann sie dir zum Wesen werden, wenn du nicht begreifst? Wenn du den Mut hast, über das Leid, das du über andere gebracht hast, hinwegzugehen?

Um zu begreifen mußt du durch dieselbe Leidensschule gehen. Nur sie kann dich zur Einsicht führen, so widerspenstig du auch reagieren magst.

Dir werden die Augen aufgehen. Du wirst es noch spüren, wie das ist.

Die Söhne Babylons sind nicht in der Lage, die Untat zu begreifen, die sie begangen haben, als sie die Kinder von Jerusalem an den Mauern ihrer Heimatstadt zerschmetterten. Sie werden sie besser begreifen, wenn sie spüren, was es heißt, zusehen zu müssen, wie Kinder am Felsen zerschmettert werden.

Da es sich jetzt um ihre eigenen Kinder handelt, können sie ermessen, was sie den Kindern der anderen angetan haben.

So etwas ist schrecklich!

Schrecklich ist auch, daß wir nur durch unsere eigenen bitteren Erfahrungen zur Erkenntnis des wahren Sachverhalts gelangen können.

Brüder, Schwestern, ich habe Angst auszusprechen, was ich euch jetzt sagen muß; aber ich tue es, weil es meine Überzeugung ist.

Und hierin habe ich das Warum all des Leids und aller Tränen in der Welt begriffen: Nicht Gott ist es, der uns den Schmerz geschickt hat, wir sind es, die ihn gewollt, die sich für ihn entschieden haben.

Wir, die reichen Völker, sind es, die als Blutsauger der armen Völker die Spirale der Gewalt, des Hasses und des Krieges geschaffen haben. Wir sind es, die durch den Verrat an der Liebe eines Mädchens den Anstoß dazu gegeben haben, daß es in das zwiespältige und unsichere Milieu der Prostitution geraten ist.

Aus Egoismus haben wir so viele Geschöpfe umgebracht. Unser Stolz war der Grund für all die Tränen in unserer Umgebung. Wenn der Punkt erreicht ist, kommt natürlich der, der das Gedächtnis der Welt ist und in der Sorge um unsere Flucht ins Nichts seine Eintragungen macht, auf den Gedanken, uns den Weg zu verstellen.

Und es ist sicher, daß Worte allein nicht genügen, uns Einhalt zu gebieten. Was hat er uns nicht schon gesagt, und wir haben doch nicht hingehört!

Das einzig richtige Mittel, uns Einhalt zu gebieten, ist der Schmerz, und er weiß, wie man es anwendet.

Wenn wir von jemanden verraten werden, gehen uns die Augen für unsere eigenen Verrätereien auf. Wenn Hunger, Pest und Krieg über uns kommen, lernen wir die ganze Niedertracht und Härte dessen kennen, was wir über die anderen gebracht haben. Wenn wir im Stich gelassen werden, beginnen wir uns wieder zu erinnern, daß auch wir jemanden im Stich gelassen haben.

Wenn wir früher vor lauter Geschäftigkeit einen Kranken in unserer Nähe übersehen haben, so bringen wir jetzt, da wir selbst krank sind, mehr Ruhe und Verständnis auf.

Der Schmerz, den man am eigenen Leib erfährt, ist das einzige Mittel, einen Menschen wirklich lieben zu lernen. Wenn es uns schlecht geht, wird Sex zur Freundschaft, Freundschaft zur Anteilnahme und Anteilnahme zur selbstlosen Liebe.

Gott rührt unser Fleisch an, damit die Schmerzenstränen, die das hervorruft, uns lehren, geistlich zu reifen.

Was würde aus uns, wenn es den Schmerz nicht gäbe? Wir würden geradewegs in die Vernichtung laufen, in das Nichts, das die Theologen Hölle nennen.

Für mich ist es keine Frage, ob es eine Hölle gibt oder nicht. Sie erübrigt sich, wenn ich das Evangelium richtig lese. Vielmehr muß ich versuchen, nicht hineinzugeraten und jemanden zu finden, der mir den Weg abschneidet, ehe es zu spät ist.

Genau das ist dem Verlorenen Sohn im Gleichnis bei Lukas passiert. Der Hunger hat ihm auf der Flucht Einhalt geboten, und er ist wieder nach Hause gegangen, weil er Hunger hatte.

Das ist nicht sehr schön, auch nicht stilvoll, aber so geht's im Leben.

Und Gott kümmert sich nicht allzu sehr um Kleinigkeiten. Worauf es ihm ankommt, ist die Rettung seines Sohnes, und die ist ihm mit Hilfe des Hungers geglückt.

Manchmal bedient er sich auch noch härterer Mittel. Gottes Liebe schreckt vor nichts zurück, wenn es um unser Heil geht! Er zerstückelt und zermalmt uns, um uns nur nicht zu verlieren. Und uns nicht zu verlieren heißt, von uns aus gesehen, begreifen.

Begreifen, daß die Liebe nicht mit sich spaßen läßt.

Begreifen heißt, Zugang zum Leid des Bruders gewinnen.

Begreifen heißt, erkennen, daß unser Stolz in unserer Umgebung verletzend wirkt, daß unsere Habgier jemanden in den Hunger treibt, daß unsere zügellose Sinnlichkeit den anderen ausnutzt und ihn für die Freiheit untauglich macht.

Nur zu schnell sind wir bei der Hand mit den Worten: „Warum das Leid der Welt, warum das Leiden Unschuldiger, warum der Hunger, warum der Krieg?"

Sollte man nicht besser sagen: „Du bist schuld daran, du reiches Volk, du hast die armen Völker ausgesaugt bis aufs Blut und fragst dich jetzt, warum in Brasilien Kinder vor Hunger sterben.

Du bist schuld daran in deiner Macht. Um sie zu erweitern, gehst du auch noch hin und verkaufst Panzer und Kanonen an die Armen und sagst dann: Diese Armen bringen es nicht fertig, in Frieden zu leben"?

Was würde in der Welt geschehen, wenn man, ob mächtig oder nicht, begänne, einander zu achten und den Menschen zu achten und vor allem zu lernen, ihm zu helfen, wenn wir Brüder würden oder es zu werden versuchten? Die Erde würde zum Paradies, und viel Schmerz würde eingedämmt.

Ich bin sicher, daß das unermeßliche allgemeine Leid, dieses Gebirge von Leid des Menschen auf Erden, vor allem auf die Sünde des Menschen zurückzuführen ist, auf seine Gewalttätigkeit, seinen Stolz, seine Sinnlichkeit, seinen Egoismus und seine Habgier.

Ich stehe nicht an zu behaupten, daß die ungeheure Katastrophe der Kriege, der Klassenkämpfe, der Stammesfehden, des Hungers und der Umweltgefährdung eine Folge des Ungehorsams ist, mit dem der Mensch den klaren und einfachen Gesetzen Gottes, der Natur und des Lebens entgegengehandelt hat. Und das nicht zu knapp.

Ein Punkt ist noch zu klären, der mir keine Ruhe läßt, wenn ich das Leid sehe. Die Frage nach den Unschuldigen, nach denen, die nichts für die Rücksichtslosigkeit der Ausbeuter können; wenn jemand unter der Bosheit der anderen leiden muß.

Und wie ist es mit den Kindern?

Der Vorrang des Martyriums

Wenn das seit ewigen Zeiten verborgene Geheimnis das eines gekreuzigten Gottes ist, eines Gottes, der aus Liebe die Spirale der Gewalt und des Unrechts zerbricht, um das Zeitalter der Versöhnung und des Friedens einzuleiten, dann ist sein schönstes Foto das, das Jesaja sieben Jahrhunderte im voraus mit dem „Blitzlicht" seines prophetischen Geistes in allen Einzelheiten aufgenommen hat, die im vierten Lied vom Gottesknecht festgehalten worden sind.

So sieht es aus:

Vor seinen Augen wuchs er auf
wie ein junger Sproß,
wie ein Wurzeltrieb aus trockenem Boden.
Er hatte keine schöne und edle Gestalt,
so daß wir ihn anschauen mochten.
Er sah nicht so aus,
daß wir Gefallen fanden an ihm.
Er wurde verachtet,
und von den Menschen gemieden,
ein Mann voller Schmerzen,
mit Krankheit vertraut.
Wie einer, vor dem man das Gesicht verhüllt,
war er verachtet; wir schätzten ihn nicht.

Aber er hat unsere Krankheit getragen
und unsere Schmerzen auf sich geladen.
Wir meinten, er sei von Gott geschlagen,
von ihm getroffen und gebeugt.
Doch er wurde durchbohrt
wegen unserer Verbrechen,
wegen unserer Sünden zermalmt.
Zu unserem Heil lag die Strafe auf ihm,
durch seine Wunden sind wir geheilt.
Wir hatten uns alle verirrt wie Schafe,
jeder ging für sich seinen Weg.
Doch der Herr lud auf ihn
die Schuld von uns allen.
Er wurde mißhandelt und niedergedrückt,
aber er tat seinen Mund nicht auf.
Wie ein Lamm, das man zum Schlachten führt,
und wie ein Schaf angesichts seiner Scherer,
so tat auch er seinen Mund nicht auf.
Durch Haft und Gericht wurde er dahingerafft,
doch wen kümmerte sein Geschick?
Er wurde vom Land der Lebenden abgeschnitten
und wegen der Verbrechen seines Volkes
zu Tode getroffen.
Bei den Ruchlosen gab man ihm sein Grab,
bei den Verbrechern seine Ruhestätte,
obwohl er kein Unrecht getan hat
und kein trügerisches Wort in seinem Mund war.
Doch der Herr fand Gefallen
an seinem Zerschlagenen. (Jes 53,2–10)

Jesaja begnügt sich aber nicht damit, das Geheimnis des Gerechten, das Bild des leidenden Knechtes, des Armen Jahwes auf der Platte festzuhalten, sondern sagt klar und deutlich, daß und wie er den Sieg davongetragen hat.

Christus stirbt nicht um die Schlacht gegen das Böse zu verlieren, er stirbt um das Böse zu besiegen, er stirbt *um Nachkommen zu erhalten, und was für Nachkommen! Er stirbt um lange zu leben* (vgl. Jes 53,10)

Mit der Offenbarung Jesu, des Gekreuzigten, wird die Kirche geboren als Gemeinschaft derer, die an ihn glauben und, neugeschaffen von seinem Geist, befähigt werden, den Plan Gottes, das Böse durch das Gute zu besiegen, in die Tat umzusetzen. Das führt zur Entstehung des Martyriums mit seinem unstreitigen Vorrang.

Von nun an ist es nicht die Macht, die bei der Ausbreitung des Reiches den Ausschlag gibt, sondern das Dienen, nicht die Rache, sondern die Vergebung, nicht der Stolz, sondern die Demut, nicht die Bildung, sondern das Blut.

Der Vorrang des Martyriums wird zur absoluten Größe, nicht nur für Jesus, sondern für jeden einzelnen von uns.

Diesen Sachverhalt gilt es, gut einzuprägen, da nun alles anders aussieht und das, was die Liebe verlangt, jetzt von uns verlangt wird. Man kann in Zukunft nicht mehr einfach sagen: „Es gibt doch jemanden, der die Rechnung für alle bezahlt hat"; das ist allzu leicht.

Für berechnende Krämerseelen, wie wir es gewöhnlich sind, genügt es jetzt nicht mehr, die ganze Last unserer Schurkereien auf das Blut Christi abzuschieben und das Problem dadurch zu lösen, daß wir uns hinter die Behauptung verschanzen, am Kreuz habe jemand unsere Untaten bereinigt.

Nein! Das geht nicht mehr. Wir werden, wie Paulus sagt (vgl. Kol 1,24), an uns ergänzen müssen, was an den Leiden Christi noch fehlt.

Die Liebe wird in ihrer Unerbittlichkeit Fragen in uns aufsteigen lassen, uns beunruhigen, uns betrüben, uns umwerfen, uns zusetzen und uns unsere Oberflächlichkeiten zur Kenntnis bringen, aber schließlich wird sie uns ans Licht gelangen lassen.

Das Licht, das der Liebe entspringt, ist der Durst nach dem Martyrium.

Jesus hat das wahre Martyrium gestiftet: seine engsten Freunde müssen in seiner Nachfolge das Martyrium lieben. Der Vorrang des Martyriums muß in der Wertskala an oberster Stelle stehen.

Zunächst wird er dir sagen: „Heute wird dein Martyrium in der Loslösung von deinem Reichtum bestehen, und du mußt dich von ihm trennen, wenn du glücklich sein willst; denn der Reichtum wird dir zuwider sein, besonders wenn du deinen Bruder hungern siehst.“

Morgen wird er dir sagen: „Laß den Götzendienst. Wirf deine Götzen hoch in die Luft: Gott allein ist dein Gott.“ Und dann mußt du das tun, um den Durst nach Freiheit zu stillen, den die Liebe dir eingegeben hat.

Dieser Läuterungsweg hört nie auf. Er gräbt sich immer tiefer in dich hinein, um an die Wurzel deines Egoismus, deines Stolzes und deiner Verrücktheit zu gelangen.

Und wenn du dich dann im Gewissen wieder deiner Verantwortung erinnerst und daran denkst, daß du jemanden wehgetan hast, wird sich immer mehr die Überzeugung durchsetzen, daß du von Rechts wegen für jemanden die Zeche bezahlen mußt.

Wie sehr hat mir doch auf der Höhe meines Lebens die ständige Wiederholung des Gebetes geholfen, das Franziskus in La Verna gesprochen hat:

Herr Jesus, erweise mir, bitte,
vor meinem Tod noch zwei Gnaden:
zuerst, an Leib und Seele, soweit möglich,
den Schmerz zu empfinden, den du, lieber Jesus,
in der Stunde deines allerbittersten Leidens
ertragen hast;
und dann, im Herzen, soweit möglich,
die unermeßliche Liebe zu empfinden,
deren Glut dich, Sohn Gottes,
so sehr erfaßt hatte, daß du
aus freien Stücken ein so schweres Leiden
für uns Sünder auf dich nehmen konntest.

Das ist ein Gebet ganz eigener Art.

Ich bete es dauernd, auch wenn ich gar nicht in der Lage bin, es zu leben, aber ich spüre, daß es den wahren Weg zur Seligkeit darstellt, die Freiheit von der Furcht vor dem Leiden ist und Ganzhingabe eines jeden von uns an eine zum Gottesreich gewordene Welt.

Ja, das spüre ich!

Nur wenn ich aus Liebe sterbe, wird es mir gelingen, mich von mir selbst, von meinen Götzendienereien, von meinen Komplexen und von meinen Ketten zu befreien. Aus Liebe sterben ist der Weg zur Seligkeit, die Freiheit, Selbsthingabe, Friede, Freude und Ewigkeit ist.

Wollt ihr nun wissen, warum die Unschuldigen leiden?

Ihr stoßt euch daran, wenn jemand hier auf Erden büßen muß, ans Bett gefesselt ist oder gelähmt im Rollstuhl sitzt? Und ihr fragt euch nach dem Sinn des allgemeinen Leidens in der Welt? Es scheint euch skandalös zu sein, ein wenig zu leiden?

Nein, Brüder. Fragt lieber nach dem gegenteiligen Warum, fragt euch, wie man nur in Egoismus und Überheblichkeit leben kann. Fragt euch mit Angst und Schrecken, wohin es in Mittelamerika mit einer Familie kommen kann, die ganze Provinzen beherrscht und die Bauern wie Sklaven hält, wo die Armen nicht einmal eine Handvoll Bohnen für ihre kleinen Kinder haben. Fragt euch empört, wieso Diktatoren Menschen foltern können, die sich aus den Ketten der Macht Pharaos befreien wollen.

Das fragt euch nur.

Der Kleine, der unschuldig stirbt, hat eigentlich Glück gehabt; der Mann oder die Frau, die für Ungerechte und Übeltäter büßen müssen, befinden sich genau auf dem Wege Jesu. Wer sein Blut für die Kinder hingibt, führt den langen Zug der Menschen an, die zum himmlischen Jerusalem pilgern.

Selig ihr Kinder von Bethlehem, die Herodes hat grausam hinmorden lassen. Welch ein Glück war es doch für euch, daß ihr die Ankunft Christi auf dieser Erde nicht mit Worten, sondern mit eurem Blut bezeugt habt.

Selig ihr Martyrer aller Zeiten, die ihr euch für die wahre Liebe entschieden und euer Blut für sie hingegeben habt.

Selig ihr Heiligen in eurem Heer ohne Zahl, die ihr als Priester Christi, des Priesters auf ewig, eure Messe gefeiert habt.

Selig ihr Armen aller Zeiten.

Selig ihr Menschen des Friedens.

Selig ihr, die ihr reinen Herzens seid.

Selig ihr, die ihr nach Gerechtigkeit dürstet.

Selig ihr Verfolgten.

Selig ihr, die ihr die andere Wange hingehalten habt.

Selig ihr, die ihr nicht zur Gewalt greift.

Selig du, Franziskus.

Selig du, Gandhi.

Selig du, Romero.

Selig du, Popieluszko.

Selig ihr Martyrer im verborgenen in allen totalitären Staaten in Ost und West.

Selig du Arbeiter, der du von einem teuflischen Kapitalismus geknechtet wirst.

Selig, der du schuldlos im Kerker sitzt und die Nagelstiefel der Gewalt vorbeimarschieren hörst.

Selig du Kleiner in der Dritten Welt mit deinem vom Hunger aufgeblähten Bauch.

Selig du Mutter in deiner Armut, die du im Kehricht der Reichen nach einem Bissen für deine Kinder suchst.

Selig und noch mal selig!

Und warum selig?

Selig, weil ihr durch euer Da-sein und euer Martyrium den Menschen mit unüberhörbarem Schrei den

Weg des Heiles und der Liebe verkündet. Ihr verkündet das Evangelium.

Gibt es auf der Welt eine Schule, die ihren Namen so sehr verdient wie die eure? Gibt es im All einen ohrenzerreißenderen Schrei als den euren?

Wenn man euch sieht, kann in den Herzen, die vom Geist berührt sind, die Liebe ihre Ketten abwerfen; wenn man euren Schrei hört, setzen sich die Guten in Bewegung.

Das Unrecht in der Welt hebt sich vom Hintergrund eurer Wirklichkeit deutlich ab, und das Fegefeuer der Welt findet in euch das Brennholz, an dem es sich entfachen kann.

Was wäre für uns Franziskus ohne den Aussätzigen? Während ich Franziskus, der den Aussätzigen in die Arme schließt, seligpreise, sage ich zum Aussätzigen: „Und du bist noch seliger als er."

Die Seligkeit des Jüngsten Tages ist die Seligkeit des letzten Platzes, des Platzes, von dem aus sich der Schrei nach Erlösung aus der Ungerechtigkeit und der Sünde der Menschen zu Gott erhoben hat. Und Gott hat ihn so gut vernommen, daß er keine Bedenken gehabt hat, selbst den letzten Platz einzunehmen.

Charles de Foucauld sagt: Jesus hat sich den letzten Platz so zu eigen gemacht, daß niemand von uns ihn ihm wegnehmen kann. Er ist der wahre Platz der Liebe.

Nein, such nicht zu ergründen, warum der Unschuldige leidet. Verlier nicht die Fassung, wenn du einen Behinderten im Rollstuhl oder einen Blinden mit seinem Hund die Straße überqueren siehst. Lerne beim Anblick des Behinderten oder beim Vorübergehen des Blinden zu sagen: Selig, selig, selig!

Und gewöhne dir an, das nicht zu sagen, wenn du auf einen Großen dieser Welt, auf einen Menschen, der auf den üppigen Polstern seines Reichtums ruht, oder auf Frauen triffst, die tief in ihren Torheiten stecken.

Der Evangelist Lukas rät dir, was du dann sagen sollst: „Weh Euch, weh Euch, weh Euch!"

Siehst du, Bruder, es ist nicht leicht, zum Evangelium zu stehen! Aber das heißt, auf seiten der Wahrheit, des Mutes und der Liebe stehen.

Es macht nichts, hier auf Erden ein wenig zu leiden, wenn man nur die Liebe erlernt hat. Schrecklich ist die eitle Jagd nach egoistischem Vergnügen, die nur Ekel und Tod im Gefolge hat.

Eine Leidenszeit macht nicht viel aus, wenn du damit deinem Kind das Heil verdienen kannst. Traurig ist aber, wenn du ungerührt vor deiner weinenden Mutter stehst.

Bruder, Schwester, wenn es das Reich gibt, und das Reich ist ewig, sagt Franziskus uns zu Recht:

So groß ist die erhoffte Freude,
daß Wonne mir ist, was ich leide.

Und Gott schlug Jakob aufs Hüftgelenk

In der Urzeit der langen Geschichte des Gottesvolkes gibt es eine Gestalt von grundlegender Bedeutung: Jakob. Sohn Isaaks und Enkel Abrahams, des großen Stammvaters „aller, die glauben", ist Jakob ein gereifter, gemachter und schlauer Mann. Er ist der Typ, der es mit allen aufnimmt, und sei es mit Gott; wie es ihm übrigens am Jabbok passiert ist.

Er soll sich sogar schon gestritten haben, als er noch mit seinem Zwillingsbrüderchen Esau im Mutterschoß war. Das ging so weit, daß Jakob, als es seinem kleinen Bruder gelang, zuerst aus dem feuchten Gelaß zu kommen und so der Erstgeborene zu werden, ihn an der Ferse hielt, als wolle er sagen: „Du hast mir die Erstgeburt gestohlen. Bei der nächsten Gelegenheit nehme ich sie dir wieder ab." So hat er sie ihm auch mit einem leckeren Linsengericht, das er gekocht hatte, wieder abgenommen und dabei aus Esaus Heißhunger Vorteil geschlagen.

Aber damit war die Angelegenheit noch nicht erledigt, und sie bot den beiden Brüdern immer wieder Anlaß zum Streit, so daß sie Gefahr liefen, einander etwas anzutun. So schwierig war es, ein Übereinkommen zu treffen.

Oft hatte Jakob Angst vor den Kräften seines etwas gewalttätigen Bruders, und immer versuchte er, ihn mit List oder mit Geschenken zu manipulieren. Das ist ihm auch gelungen, und wir finden ihn wieder als Mann in den besten Jahren, diesmal nicht mehr im Kampf mit seinem Bruder, sondern mit Gott selbst.

Es ist eine phantastische Geschichte, dieser Ringkampf Jakobs mit Gott an der Furt des Flusses Jabbok, der ihn von dem Land trennte, das er in Besitz nehmen wollte, ein Symbol von Macht und Reichtum.

Jakob strotzt vor Kraft. Er ist reich, tüchtig, und hat Wagen, Kamele, gesegnete Frauen und zahlreiche Kinder. Eines Nachts ...

Ja, eines Nachts spürte er deutlich, daß sich etwas Außergewöhnliches ereignen würde, etwas, das ihn für immer zeichnen sollte. Er teilte seine Eingebung keinem Menschen mit. Er wollte allein sein.

Die Schrift berichtet:

In derselben Nacht stand er auf, nahm seine beiden Frauen ... sowie seine elf Söhne und durchschritt die Furt des Jabbok. Er nahm sie und ließ sie den Fluß überqueren. Dann schaffte er alles hinüber. was ihm sonst noch gehörte.

Und Jakob blieb allein zurück. (Gen 32,23 ff)

Dann heißt es ganz geheimnisvoll:

Und jemand rang mit ihm,
bis die Morgenröte aufstieg. (Gen 32,25)

An der berühmten Furt kämpfte Jakob mit einem Engel, dessen Gestalt Gott selbst verkörperte. Dieses Ringen zwischen Mensch und Gott ist in der Geschichte der Mystik aller Zeiten berühmt, und viele

Künstler haben sich daran versucht, im Bilde darzustellen, was sich auf den rundgeschliffenen Steinen des trockenen Flußbettes wohl abgespielt hat.
Was ist passiert, als Jakob verbissen den Engel umklammert hielt, der ihn mit Macht abzuschütteln versuchte, wenn er ihn auch zu lieben schien?

Es ist das ewige Ringen zwischen Mensch und Gott auf dieser Erde, das Bemühen, sich auf einen gemeinsamen Heilswillen zu verständigen, und das bei den endlosen Verwicklungen der Geschichte.

Ich weiß nicht, wie es euch in diesem Gießbach ergangen ist; ich weiß, was mir passiert ist.

Auch ich habe mich zur Wehr gesetzt, auch ich habe mich im Kampf zwischen meinem Willen und dem Willen Gottes befunden, zwischen seiner Handlungsweise und der meinen.

Ich glaube fest, daß Jakobs Geschichte die Geschichte aller Menschen ist. Die Geschichte der Menschheit, die auf ihrem Weg durchs Dasein mit Gott ringt. Sie ist das Drama des menschlichen Betens, die unablässige Bitte, die wir aus Erfahrung kennen. Sie ist die Erfahrung, daß wir auf dieser Erde wie in einer dunklen Nacht leben. Sie ist der Raum, in dem der Mensch vor dem absoluten Gott nach Autonomie strebt. Sie ist die Schule der mühsam errungenen Freiheit, in der wir vollberechtigte Söhne werden sollen und die Reste unserer Knechtschaft abschütteln.

Ihr seid keine Knechte mehr, sondern Freunde (vgl. Joh 15,15; Mk 14,36; Mt 26,42), wird Jesus zu seiner Zeit sagen. Und der Freund weiß, was sein Freund will.

Aber man kämpft, als gäbe es auch noch andere

Möglichkeiten, menschlichere, normalere Möglichkeiten, die dem Menschen mehr liegen. Sogar Jesus hat in der furchtbaren Nacht von Getsemani mit dem Vater gerungen. Und das Ergebnis war Blut, das ihm aus den Poren trat und zu Boden rann, wie Lukas berichtet. *Nicht mein, sondern dein Wille soll geschehen* (Lk 22,42), wird Jesus am Ende des Ringens sagen.

Es gab also auch noch einen anderen Willen, wenn Jesus selbst das sagt.

Was konnte denn, verglichen mit dem Willen des Vaters, Jesu Wille sein? Er hat sicher nichts Schlimmes gewollt.

In allem uns gleich *außer der Sünde* (Hebr 4,15), konnte Jesus bei seinem Ringen in Getsemani keine messianische Erfüllung wünschen, die nicht aus guten Elementen bestand.

Wenn wir einen Augenblick darüber nachdenken dürfen, was Jesus sich in dieser äußersten Bewährungsprobe unter der Erfüllung seines messianischen Traumes vorstellen konnte, so ging es ganz sicher um das Heil des Menschen.

„Vater!" – ist es denn unbedingt nötig, daß ich auf diese Weise sterbe? Werden die Menschen, wenn sie mich am Kreuz sehen, besser verstehen, daß Du Vater bist? Wäre es nicht besser, ich ergriffe als Messias in Jerusalem die Macht und entschiede mit Gewalt und Gerechtigkeit das Heil des Menschen? Wäre es nicht besser, ich bediente mich der geistlichen Gewalt zugunsten einer Politik der Gleichberechtigung und des Wohlstandes? Wäre es nicht besser, den Menschen das Brot zu geben, das sie suchen, das Haus, das sie brauchen und die politische

Freiheit, um die es ihnen im Kampf mit den Römern geht?

Wenn Jesus eine andere Möglichkeit vorschwebte, dann bezog sich diese Möglichkeit auf die Art und Weise, wie der Messias die Gerechtigkeit auf Erden verwirklichen sollte.

Zwei Wege standen zur Auswahl: die Macht oder das Dienen – das Gesetz oder die Liebe – der Tod am Kreuz oder die Kreuzigung der Feinde.

Es ist nicht leicht, die Synthese extremer Positionen zu erreichen. Es gibt Augenblicke, in denen man gezwungen ist, einem Extrem den Vorrang einzuräumen.

Der Vater verlangt von Jesus, ausgerechnet der Liebe den Vorrang zu geben. Es würde schwierig sein, das gleich zu verstehen. Aber mit der Zeit würden die Menschen es wohl begreifen.

Übrigens gab es in der Ewigkeit keinen anderen Weg. Vorrangig war also: das Martyrium.

Aber zurück zu Jakob, der auf dem Kies des Gießbaches ringt.

Die Schrift berichtet:

Als er sah,
daß er ihm nicht beikommen konnte,
schlug er ihn aufs Hüftgelenk.
Jakobs Hüftgelenk renkte sich aus,
als er mit ihm rang. (Gen 32,26)

Unter allen gleichnishaften Zeichen ist diese Angabe die verblüffendste. Um Jakob zu überzeugen, verletzt Gott ihn, renkt ihm das Hüftgelenk aus und lähmt ihn. Und sagt ihm dann ruhig:

„Jetzt kennst du deine schwache Stelle. Jetzt stütz dich auf Gott. Jetzt wirst du siegen."

Und damit er begreift, daß mit der neuen Taktik alles anders geworden ist, gibt er ihm auch einen anderen Namen: *Nicht mehr Jakob wird man dich nennen, sondern Israel* (ebd. 29)

Israel, den neuen Menschen, den vom Ringen mit Gott gelähmten Menschen, der aber der Mensch ist, der die Geschichte versteht, der Mensch, der durch Schmerz demütig geworden ist, der Mensch, der Anteil zu nehmen versteht, der Mensch, der den Menschen versteht, der Mensch, der um Gottes Hilfe betet, der Mensch, der sich auf Gottes Kraft und nicht auf seine eigene stützt, der Mensch, der den Sieg davonträgt, aber nicht mehr kraft seines brutalen und sinnlichen Draufgängertums wie früher: der Mensch der Seligpreisungen.

Oft habe ich mich, ratlos wie all meine Brüder, nach dem Warum des Schmerzes gefragt: Wäre es nicht besser gewesen, wenn wir eine Welt ohne Schmerzen, ohne Lähmungen, ohne Tränen, ohne Behinderte, ohne Blut und ohne Rollstühle hätten?

Die Antwort wird mit den Jahren immer deutlicher: Nein! Ohne Schmerzen, ohne Tränen, ohne Tod wäre die Welt sicher viel abstoßender. Vor allem wäre der Mensch viel schlimmer, wenn nicht gar teuflisch.

Wenn er schon unter der lastenden Hand dessen, der ihn lähmt, so schlimm ist, ohne Lähmungen wäre er unerträglich.

Gott hatte zahllose Möglichkeiten, eine andere Welt zu machen.

Er ist Gott, er ist der Gott des Unmöglichen.

Er konnte eine Welt ohne Leiden machen, er konnte eine Welt machen, die nicht schmerzanfällig wäre, er konnte sein Kind, den Menschen, wie auf einer ewigen Hochzeitsreise ganz in den Freuden des Eros aufgehen lassen. Nein! das hat er nicht getan.

Er hat ihm etwas Eros gelassen, von ihm aber verlangt, sich an die Agape, die Liebe, die sich selbstlos opfert, zu gewöhnen.

Er hat ihm großartige Morgendämmerungen geschenkt, aber er hat auch Nächte dunkler Tragik mit ihnen durchsetzt. Gesundheit und Kraft hat er ihm geschenkt, aber er hat ihm auch Lungenschäden oder fehlgesteuerte Zellen gegeben, die dazu dienen, ihn in einem Augenblick ersticken zu lassen, in dem er nicht damit rechnet. Wie eine furchtbare Metastase des Unheils.

Es nützt nichts, sich damit herauszureden, nicht Gott sei es, der das Böse wolle, der Schmerz sei auf die Schuld des Menschen und die Zerstörung der Umwelt zurückzuführen. Nein und noch mal nein!

Ich weiß, daß Gott alles kann und, wenn er wollte, auch das Krebsleiden zum Stillstand bringen könnte, das auf mir lastet und mich zerstört. Er tut es nicht.

Da gefällt mir Jakobs Lösung: sie scheint mir einfacher zu sein.

Er ist es, der mich gelähmt hat.

Führt nur, wie die vier Theologen bei Ijob, endlose Diskussionen darüber, warum es den Schmerz gibt und warum Gott den Schmerz auf Erden beläßt. Meine Antwort lautet: „Er ist es."

Er ist es, der mir die Felder verwüstet hat. Er ist es, der zugelassen hat, daß die Feinde meine Kinder umgebracht haben. Er ist es, der mich auf diesem Misthaufen hat landen lassen.

Es gibt nicht zwei Mächte. Es gibt nur eine: Gott!

Er kann.

Aber er greift nicht ein und läßt mich weiter leiden, er läßt die Kriegserklärung zu, er sagt nichts, wenn vier Mafia-Bosse mich in der Provinz vergiften, er läßt dem Soldaten und dem Peiniger freie Hand, meinen Bruder grausam zu foltern, um ihn zum Reden zu bringen.

Das Geheimnis des Schmerzes liegt zum Teil hier.

Gott läßt es zu.

Gott schlägt mich.

Gott vernichtet mir die Ernten.

Gott wütet im Unwetter.

Gott führt mich dem Tod entgegen.

Aber gerade weil er mich schlägt, weckt er meine besseren Kräfte. Wenn ich nicht geschlagen und verletzt worden wäre, wäre ich in meiner teuflischen Absicherung nach allen Seiten unerträglich. Verletzt, bleibe ich ruhig und lerne zu weinen, durch mein Weinen lerne ich die andern zu verstehen, erlerne ich die Seligkeit der Armut.

So ist es.

Wenn der Mensch den Schmerz nicht hätte, wenn er nicht bis an die Grenzen des Erträglichen leiden müßte, würde er kaum den Weg des Heils einschlagen.

Wenn das Volk in Ägypten im Besitz der Freiheit gewesen wäre, hätte Mose es nicht überreden können, das Abenteuer der Befreiung zu wagen. Wenn es in der Wüste statt der Schlangen, des Hungers und des Durstes märchenhafte Oasen gefunden hätte, wäre es nie ins Land der Verheißung gelangt.

Es gibt keinen wirksameren Ansporn, auf unser Morgen zuzugehen, als den Schmerz, den wir erdulden. Deshalb hat Gott Jakob auch aufs Hüftgelenk geschlagen.

Ich saß in der Eisenbahn und betrachtete betend einen Ezechiel-Text. Mir gegenüber saß eine Frau mit dem schwarzen Schultertuch süditalienischer Bäuerinnen. Sie interessierte sich sichtlich für mich. Ihren Blick hielt sie mit offensichtlicher Neugier auf die Bibel gerichtet, die ich in Händen hielt.

Da ich sah, daß das zu einem Gespräch führen müßte, brach ich das Schweigen und stellte gleich fest, daß wir uns verstanden, zumal sie begriffen hatte, daß ich betete. Sicher war auch sie zu beten gewohnt. Sie erzählt mir ihre Geschichte.

Ich bin aus Kalabrien und habe mit meiner Familie in einem ganz, ganz armen Dorf gewohnt. Ich war arm, auch ich.

Eines Tages sagte mein Sohn: „Mama, ich gehe nach Mailand und such' mir Arbeit." „Geh nur", sagte ich, und er reiste ab. Er fand schnell Arbeit und hat, so gut er konnte, in Mailand Fuß gefaßt. Nach einiger Zeit schrieb er seinem Vater, meinem Mann: „Papa, komm doch auch. Du bist Maurer und wirst auch Arbeit finden."

Da ging auch mein Mann.

Es dauerte kein Jahr, bis er meinen beiden Töchtern schrieb: „Warum kommt ihr denn nicht? Wir können doch hier als eine Familie leben." So gingen auch meine Töchter auf die Reise.

Was soll ich noch allein im Dorf, sagte ich mir, ich komme auch mit. Ich koche für euch und führe euch den Haushalt.

Und so geschah es. Ich zog auch weg, und wir wurden alle miteinander Mailänder. Jetzt ...

Hier brach die Frau in Tränen aus und weinte und weinte ... Schluchzend trocknete sie sich die Tränen, die immer noch flossen, und sagte: Jetzt sind wir ganz traurig. So viel Geld habe ich noch nie im Haus gesehen, vier Lohntüten!

Wir sind so traurig. Jetzt sind wir reich und haben uns ruiniert.

Meinen Mann kenne ich nicht mehr wieder. Meine Töchter ..., wehe, wenn man es wagt, ihnen etwas zu sagen, auch wenn sie um drei Uhr morgens nach Hause kommen.

Mein Sohn? ... da mach' ich mir Sorgen. Er ist in Kreise geraten, die ihn merkwürdig verändern, und das nicht zum Guten.

Ja, wir sind ganz traurig. Wir sind einander nicht mehr zugetan. Wir fahren uns nur noch an und haben keine Ruhe mehr. Wir können nicht mehr singen!

Damals im Dorf waren wir arm, aber glücklich und zufrieden. Unsere Feste haben wir wirklich gefeiert, wie sie fielen. Jetzt ist jeder Tag ein Fest, aber wir können nicht mehr froh sein.

Das Geld hat uns nur geschadet. Das verfluchte Geld! Früher war es doch viel besser!

Dieses Zeugnis ist echtes Evangelium im Mund einer Armen, die uns richtig sieht.

Es scheint seltsam, unverständlich, zu sein, aber genau so ist es: Wir fürchten uns davor, arm zu sein, aber die Armut ist für uns unerläßlich. Wir fürchten uns davor, zu leiden, aber das Leiden ist für uns unerläßlich, damit unser Dasein im Gleichgewicht bleibt und wir im Schmerz das Korrektiv für unsere Sinnlichkeit und unsere Unbeherrschtheit finden.

Ja, wir können das aus der Praxis belegen, wenn wir an die beiden Generationen denken, die uns vorausgegangen sind. Unsere Alten waren viel glücklicher, viel ausgeglichener. Dabei waren sie ärmer als wir und hatten ein viel rauheres Leben.

Die Armut hält bei den Völkern die Sitten im Lot, sie erhält den guten Geist in arbeitsamen Familien, das rechte Maß im Streben nach Besitz, die Demut in den menschlichen Beziehungen, Beharrlichkeit beim Arbeiten und sie nährt die Hoffnung.

Wohlgemerkt: Ich spreche von „Armut“, nicht von Elend.

Die Armut hält die Mitte zwischen zwei „Flüchen“, dem Fluch des Reichtums, der fast immer auf Ausbeuterei, Unrecht oder Diebstahl zurückzuführen ist, und dem Fluch des Elends, das ein Indiz für etwas Böses ist, das du selbst begangen hast oder das andere dir angetan haben.

Dem armen Menschen fällt es leichter, sich menschlich und geistlich zu entfalten, und er kommt ganz von selbst der Lebensweise des Gott-Menschen Jesus von Nazaret näher.

Als er auf Erden lebte, hat er seine Wahl getroffen: er hat sich weder für den Reichtum der Familien entschieden, die in Jerusalem Macht und Einfluß besitzen, noch für die erschütternde Armut des Täufers.

Er wollte uns beispielhaft vorleben, was leichter und der menschlichen Natur entsprechender ist: die aktive Armut eines Menschen, dessen irdischer Lebensweg aus Mühsal und Freude, Sparsamkeit und Sorglosigkeit besteht.

Es ist ganz mein Glaube, daß in diesem Gleichgewicht zwischen den Spannungen der Geschichte und den Freuden des Lebens, dem leidigen Kampf um das tägliche Brot und der Genugtuung, an der Tafel Platz zu nehmen, der enormen Schwierigkeit des Gemeinschaftslebens und der Hochstimmung des Miteinanders das Beste liegt, was Gott uns anbietet, damit wir uns entfalten und die Strecke unseres Lebens auf die einfachste und fruchtbarste Weise zurücklegen können.

Nicht von ungefähr hat der Sohn Gottes, als er zu uns kam, einen Lebensentwurf vorgefunden, der für alle Völker die menschlichste und wahrhaftigste Form zur Gestaltung ihres Weges in die Ewigkeit bleibt.

Nazaret zeigt uns das sehr gut.

Mehr lieben, um weniger zu leiden

Wenn es stimmt, daß das seit ewigen Zeiten verborgene Geheimnis die Liebe ist, die ein gekreuzigter Gott mich gelehrt hat, dann können wir wirklich der Definition beipflichten, die Johannes in seinem ersten Schreiben an die Christengemeinden aufstellt: *Gott ist die Liebe* (1 Joh 4,8).

Und wir sollten uns auch das „Hohelied der Liebe" des heiligen Paulus über die Caritas-Agape einprägen, die, um es deutlich zu sagen, ganz die Art von Liebe ist, die Christus selbst uns gelehrt hat.

Wenn ich in den Sprachen der Menschen und Engel redete, hätte aber die Liebe nicht, wäre ich dröhnendes Erz oder eine lärmende Pauke.

Und wenn ich prophetisch reden könnte und alle Geheimnisse wüßte und alle Erkenntnis hätte; wenn ich alle Glaubenskraft besäße und Berge damit versetzen könnte, hätte aber die Liebe nicht, wäre ich nichts.

Und wenn ich meine ganze Habe verschenkte, und wenn ich meinen Leib dem Feuer übergäbe, hätte aber die Liebe nicht, nützte es mir nicht.

Die Liebe ist langmütig, die Liebe ist gütig. Sie ereifert sich nicht, sie prahlt nicht, sie bläht sich nicht auf.

Sie handelt nicht ungehörig, sucht nicht ihren Vorteil, läßt sich nicht zum Zorn reizen, trägt das Böse nicht nach.

Sie freut sich nicht über das Unrecht, sondern freut sich an der Wahrheit.

Sie erträgt alles, glaubt alles, hofft alles, hält allem stand. Die Liebe hört niemals auf. Prophetisches Reden hat ein Ende, Zungenrede verstummt, Erkenntnis vergeht.

Denn Stückwerk ist unser Erkennen, Stückwerk unser prophetisches Reden;

wenn aber das Vollendete kommt, vergeht alles Stückwerk.

Als ich ein Kind war, redete ich wie ein Kind, dachte wie ein Kind und urteilte wie ein Kind.

Als ich ein Mann wurde, legte ich ab, was Kind an mir war. Jetzt schauen wir in einen Spiegel und sehen nur rätselhafte Umrisse, dann aber schauen wir von Angesicht zu Angesicht. Jetzt erkenne ich unvollkommen, dann aber werde ich durch und durch erkennen, so wie ich auch durch und durch erkannt worden bin.

Für jetzt bleiben Glauben, Hoffnung, Liebe, diese drei; doch am größten unter ihnen ist die Liebe. (1 Kor 13, 1–12)

Die Liebe erklärt, warum Gott die Welt erschaffen hat. Die Liebe fordert die Menschwerdung, die Liebe bringt uns die Kunde vom Reich. Die Liebe ist der Optimismus der ganzen Schöpfung, sie ist Freude am Leben und die Kraft, die vorantreibt.

Die Liebe bewirkt deine Geburt zum Leben, sie richtet dich wieder auf, wenn du gefallen bist, sie tadelt dich, wenn du etwas falsch machst, sie wartet auf dich, wenn du fliehst, sie umarmt dich, wenn du anhältst, um sie zu suchen, sie küßt dich, wenn du sie küßt.

Und außerdem läßt sie dich leiden.

Das Leidenlassen bleibt dem Menschen lange unverständlich. Die meisten fassen das Leiden als eine Art von Sündenstrafe auf. Und da alle sündigen, und das immer und immer wieder, sagen wir in unserer Unreife: „Gott hat mich bestraft." So kommen wir von einer Bestrafung zur anderen, von einem leidvollen Erleben zum anderen.

Aber so ist es nicht.

Gott bestraft niemanden, und jetzt, da ich ihn doch ein wenig kenne, schäme ich mich der Zeit, in der ich, noch unreif, den Schmerz für eine Gottesstrafe gehalten habe. Wenn wir uns Gott als einen strafenden Gott vorstellen, stellen wir uns Gott im Grunde nicht anders vor als ... wir sind: böse und nochmals böse.

Ist es nicht böse, jemanden zu strafen? Ganz schlicht und einfach ausgedrückt, ein wenig Privatrache zu üben. Du hast nicht gehört, also bestrafe ich dich!

Auch das noch!

Wenn Jesus selbst uns gesagt hat, wir sollten dem, der uns schlägt, auch die andere Wange hinhalten, würde dann ausgerechnet er anders handeln und uns anstelle der anderen Wange die wohlverdiente Strafe anbieten?

Solch ein Gott würde mir nicht mehr behagen, und ich würde versuchen, Abstand von ihm zu halten, auch weil er mich andauernd schlagen müßte.

Wenn er uns gesagt hat, wir sollten die andere Wange hinhalten, so hat er sich aus freien Stücken um unseretwillen völlig unseren Backenstreichen ausgeliefert.

Allerdings steht auch fest, daß er uns nicht vom Leiden befreit hat, auch nicht durch seine Vergebung. Das wäre auch unwahrscheinlich gewesen, da er uns durch solch eine Pädagogik auf eine Welt vorbereitet hätte, in der Gut und Böse dasselbe sind.

So ist es aber nicht. Und daher läßt er uns leiden.

In ihm ist das Leiden, das er uns anbietet – und er bietet es uns äußerst reichlich an –, keine Strafe. Es ist eine Schule. Es ist die Schule der Liebe.

Es ist schwer, dies anzunehmen, denn unsere Oberflächlichkeit und unser Egoismus sind grenzenlos.

Gott, der die Liebe ist, kann nur Liebe geben, und das Leiden hilft uns, in die Liebe einzugehen.

Hier hat Gott bewiesen, daß er Phantasie besitzt, und hat fertiggebracht, sogar diesen unangenehmen Sachverhalt der Strafe in einen echten Reifungsprozeß umzuwandeln, der den Menschen zur Liebe befähigt.

Wenn er uns nicht leiden ließe, lebten wir völlig verständnislos am Leben vorbei. Wir würden den Wert der Dinge nicht begreifen: fast die ganze Dichtkunst bliebe uns verschlossen, und die Geschichte verlöre ihre Anziehungskraft und ihre Dramatik.

Wie sollten wir die Ruhe recht begreifen ohne die Müdigkeit, die Freude ohne Schmerzenstränen, das Licht ohne die Finsternis, die Vergebung ohne den Haß und die Wahrheit ohne den Irrtum?

Gott gibt uns den Stachel ins Fleisch, damit wir spüren, was die Welt braucht.

Dein Fleisch wird für Gott das Buch, aus dem er spricht, das Alphabet, in dem er buchstabiert.

Er züchtigt dich, damit du lieben lernst wie er selbst. Er nimmt dir die Gesundheit, damit du klein und demütig wirst, er läßt es um dich dunkel werden, damit du das Licht anrufst, er läßt dich einsam und allein, damit du ihn suchst, er gibt dir den Stachel ins Fleisch, damit du spürst, was die Welt empfindet.

Und er fürchtet sich nicht davor, dich weinen zu sehen, denn er weiß, was Tränen wert sind. Auch wenn du meinst, es sei Zufall, daß du leiden mußt, und nicht sein ausdrücklicher Wille, läßt er dich weinen und schweigt dazu.

Paß auf, daß du das begreifen lernst.

Den Zusammenhang zwischen Liebe und Schmerz, Tod und Auferstehung, zu begreifen, ist wirklich schwer und ohne den Geist fast menschenunmöglich. Du hast immer den Eindruck, es dürfe nicht so sein und es sei unmöglich, daß es so ist. Du meinst, es sei etwas schief gelaufen, daß du erkrankt bist, und du seiest die Treppe hinuntergestürzt, weil an dem fraglichen Abend das Licht so schlecht war.

Und doch ist es nicht so.

Wenn Gott Gott ist, wird kein Blutstropfen umsonst vergossen, ist keine Zelle fehl am Platz, und fließt keine Träne, die nicht das Auge noch besser auswüsche.

Hier möchte ich dir jedoch einen kleinen Trick beibringen, der eigens für Menschen ersonnen worden ist, die Angst vor dem Leiden haben oder – besser – weniger leiden möchten.

Das ist der Trick:

Liebe mehr, damit du weniger leidest.

Ich habe diesen Trick schon so oft angewandt und stelle fest, daß er funktioniert, wenn ich auch noch zu den Anfängern gehöre. Ich möchte diesen Trick auch noch vervollkommnen, denn wir haben noch nicht gelernt, wenn eine Prüfung über uns hereinbricht, im Leid ein wenig aufzuatmen, so sehr wir auch das Bedürfnis dazu verspüren.

Da ich inzwischen gut bei Jahren bin, fehlt es mir nicht an Gelegenheiten! Paßt einmal auf.

Ihr wißt, daß die Deutschen und noch mehr die Österreicher eine große Vorliebe für schöne, bunte, mit Symbolen und Sprüchen gezierte Kerzen haben. Sie stellen Prachtexemplare her, die man als Ausdruck der Freude oder des gemeinsamen Feierns an Festtagen auf den Tisch oder auf den Altar stellt.

Ihr wißt, was die Osterkerze bedeutet und was sie aussagen will. Sie geht auf die Nacht des Vorüberganges, des Pascha des Herrn, zurück. In der frühen Kirche diente die Osterkerze als Zeichen für die Gegenwart Christi im Dunkel der Welt. Wie Christus das Licht der Welt ist und sich in Liebe verzehrt hat, so spendet die Osterkerze ihr Licht und verzehrt sich dabei. Sie ist ein Zeichen und spricht uns an wie alle Zeichen.

Mich hat dieses Zeichen sehr angesprochen, ich habe es in der Osternacht lange angeschaut und habe es mir in der Sonntagsmesse zum persönlichen Besitz gemacht, indem ich der Feier des Pascha des Herrn mit unserer Gemeinschaft als Einleitung eine kurze Licht-Liturgie vorausschicke.

Dann habe ich bei meiner Bemühung um den Sinn des Lichtes, das die Kerze verzehrt, Fortschritte gemacht. Und als mir ein lieber Freund in Wien solch eine schöne bemalte Kerze geschenkt hat, habe ich sie nach Hause mitgenommen und in meiner Zelle zu einer kleinen Ikone auf die Kommode gestellt.

Zusammen sah es dann wie ein Altärchen aus.

Jetzt handle ich folgendermaßen, und ich zeige euch den Trick.

Wenn der Schmerz bei mir anklopft – und er klopft ziemlich oft an –, und ich mir wie in einem schwarzen Loch vorkomme, zünde ich die Kerze an. Dann halte ich den Blick fest auf sie gerichtet und versuche, mir selber die Worte zu sagen, die mir im Kreis der Brüder bei der Lichtfeier so leicht von den Lippen kommen.

„Siehst du diese dicke Kerze? Sie ist ein Symbol Jesu, der der Welt das Licht schenkt, und sie zehrt sich auf, wie er sich aufgezehrt hat."

Ich will gleich sagen, daß es viel leichter ist, das den anderen zu erzählen als sich selbst. Aber ich spreche es aus und versuche, mir Mut zu machen.

Und was tue ich dann?

Um meine kleine Privatliturgie fortzusetzen, tue ich dreierlei, nur Kleinigkeiten, auf die ich gekommen bin und die in die rechte Richtung gehen.

Ich bete.

Ich liebe.

Ich warte.

Es ist nicht der Augenblick, im Gebet große Worte zu machen. Ich beschränke mich auf das Gebet der Armen, auf litaneihafte Anrufungen, die ich immer mehr schätze, weil sie nicht kompliziert sind und in wenigen Worten alles zum Ausdruck bringen.

Im Augenblick besitze ich eine besondere Vorliebe für folgende Anrufung und wiederhole sie so oft, wie mein Rosenkranz, den ich beim Beten immer in der Hand halte, Perlen hat: *Meine Hilfe kommt vom Herrn, der Himmel und Erde gemacht hat* (Ps 121,2).

Dann sage ich mir: Rufen genügt nicht, Beten genügt nicht ... Jesus Christus selbst hat mehrmals gesagt: „Nicht wer sagt: Herr, Herr ..." (Mt 7,21; Lk 6,46). Das ist doch zu bequem. Man muß mehr tun.

Bei dem Mehr geht es immer wieder um das eine, das das wiederkehrende Schlüsselwort dieses Buches gewesen ist, so daß ihr es inzwischen vielleicht nicht mehr hören könnt.

Liebe, Carlo! Laß Deine Bemühungen in die richtige Richtung gehen: in die Richtung Christi, der liebt.

Normalerweise fehlt es mir nicht an Gründen zu lieben. Ich weiß schon lange, daß ich mich bis zum Wahnsinn in Gott und seine Belange verlieben muß, wenn ich auf Erden glücklich sein will.

Infolgedessen ist es, wenn ich dazu bei akuten Schmerzen in der Lage bin, am einfachsten, den Schmerz, besonders den bohrenden Schmerz, durch einen Ausgang – jawohl – durch einen Ausgang zu lindern, jemanden zu besuchen, dem es noch schlechter geht als mir, etwas zu unternehmen, um an das Leid in der Welt zu denken, das Herz zu läutern, falls sich darin Schlacken von Antipathie oder Abscheu gegen einen Menschen befinden, einen Scheck für die ärmste Mission der Welt auszustellen, oder brieflich die Fragen eines lästigen Graphomanen zu beantworten, der von mir wissen will, ob es eine Hölle gibt, oder was er tun müsse, um sich nicht von seiner Frau zu trennen, die unsympathisch und possessiv veranlagt ist.

Kurz, einen Akt der Liebe zu setzen, zu dem man seine ganze Geduld und Aufrichtigkeit braucht.

Wenn ich jünger wäre, würde ich gern ausgehen und mit einem alten Rentner, der allein wohnt und vor Einsamkeit stirbt, eine Stunde Karten spielen. Ich würde die Gelegenheit nutzen, ihm das Nachtgeschirr zu leeren und ein paar Tropfen Parfüm auf seine Bettlaken zu spritzen.

Ist das geschehen, was bleibt dann noch zu tun, während die brennende Kerze sich weiter aufzehrt?

Etwas sehr Einfaches, aber sehr Angebrachtes und durch nichts zu Ersetzendes.

Warten. Und beim Warten muß ich immer an das Wort der Schrift denken: *Gut ist es, schweigend zu harren auf die Hilfe des Herrn* (Klgl 3,26).

Normalerweise schlafe ich dann ein und weiß nicht mehr, was um mich vorgeht.

Es ist jedoch sicher, daß mir das Atmen leichter fällt.

Brüder, und noch mehr: Schwestern, solltet ihr einmal dazu kommen, diese Liturgie auszuprobieren, so denkt an meine Kerze, und ich will an die eure denken!

Wir werden einander helfen, denn es ist immer so schwer, zu leiden, und es tut gut, einander zu helfen.

Übrigens habe ich keine anderen Hilfen gefunden und bei der Lektüre des Evangeliums festgestellt, daß auch Jesus es so gehalten hat. Lukas, der Arzt war und etwas davon verstand, bemerkt, Jesus sei, als er sich in Getsemani befand, unter der furchtbaren Qual des Leidens in den Todeskampf geraten und habe *inständiger gebetet, prolixius orabat,* sagt er in gepflegtem Latein. *Factus in agonia, prolixius orabat* (Lk 22,44). Das ist gepflegtes Latein, das gut klingt und schlicht und einfach bedeutet: Als Jesus spürte, wie weh es tat, *hat er noch inständiger gebetet.*

Um den Schmerz zu lindern, der grausam war, hat er noch mehr gebetet und sein Gespräch mit dem Vater intensiviert. Ja, er hat noch mehr gebetet, als ob der Schmerz schließlich abnähme und erträglicher würde, wenn er mehr betete.

Denkt daran, Bruder und Schwester, vielleicht könnte dieser Trick euch einmal helfen.

Vielleicht habt ihr aber auch skeptisch gelächelt, weil ich so einfältig und kindisch bin. Wenn man alt wird, wird man wieder zum Kind, und ich habe Kindereien gern. Ich möchte sogar sagen, daß ich mich, wenn ich sie begehe, immer meiner Mutter nahe fühle. Sie ist schon seit vielen Jahren tot, aber ich rechne damit, sie bald wiederzusehen. Und so bin ich ihr nahe. So wie sie spricht niemand mit mir.

Aber wenn euch die Art der Großen und das, was sie sagen, lieber ist, habe ich davor keine Angst. Ich kann auch so reden. Aber ihr könnt sicher sein, ich sage euch das von jetzt an: niemand wird das in die Tat umsetzen.

Das Himmelreich ist nicht für die Großen da.

Hört! Der Trick ist auch für die Großen da, und er ist wie der meine: *Liebe mehr, und du wirst weniger leiden.*

Aber wer hat den Mut, sich seiner zu bedienen? Sogar das arme Indien hat sich die Atombombe bauen wollen. Es hätte sich schon beim bloßen Gedanken an seinen großen Patriarchen Gandhi schämen müssen.

Nein, es ist nicht leicht zu begreifen, daß die einzige Methode zur Verringerung des Leides darin besteht, daß man mehr liebt, zumal in der Politik. Man muß halt in Kauf nehmen, den Eindruck des Schwächeren zu erwecken; ja, um den Preis, für schwächer gehalten zu werden, baue ich keine Atombombe, versetze ich meinem Feind keine Ohrfeige, um ihm zu zeigen, wie stark ich bin, fange ich keinen Krieg an, walze ich mit dem Traktor keine Tomaten und Äpfel ein, um den Preis hoch zu halten, holze ich keine Wälder ab, um Fabriken zu bauen, und vergifte ich die Meere nicht.

Wenn die Liebe einmal die Richtschnur meiner Politik und die Triebkraft meines Handelns ist, ja, dann werde ich wirklich weniger leiden und weniger Leid verursachen, weil ich mehr lieben werde.

Aber es ist noch viel schwieriger, zu den Großen zu gehören, und es erschwert wirklich den Zugang zum Reich.

Maria, meine Schwester im Glauben

Ich möchte dieses Buch über das Geheimnis des Schmerzes und des Todes mit einem Wort über Maria abschließen.

Das ist aber nur ein Vorwand. In Wirklichkeit möchte ich vom schmerzlichen Leid der Frau sprechen, deren Los sie so gut verkörpert und die sie durch ihr Geheimnis so trostvoll zu sich emporhebt.

Wie oft habe ich schon zu ergründen versucht, warum Jesus Maria vom Priestertum ausgeschlossen hat.

Das ist tatsächlich so, und die Evangelien sagen es klipp und klar: Maria gehörte nicht zu der Zahl derer, die die erste Gruppe von Priestern gebildet haben, zu den Presbytern, die die Leiter und Säulen der Urgemeinde sein sollten.

Wohlgemerkt, Maria sah sich nicht in der Lage, über Brot und Wein die geheimnisvollen Worte der Gedächtnisfeier Jesu zu sprechen:

In der Nacht, da Jesus verraten wurde,
nahm er das Brot und sprach den Lobpreis, brach es,
reichte es ihnen und sprach:
„Nehmt, das ist mein Leib";
dann nahm er den Kelch, sprach das Dankgebet
und reichte ihn den Jüngern mit den Worten:

„Nehmt und trinkt alle daraus.
Das ist mein Blut, das Blut des Bundes,
das für alle vergossen wird
zur Vergebung der Sünden."

Und sie hatte sicher von dem Auftrag vernommen, den ihr Sohn damit verbunden hatte: *Tut dies zu meinem Gedächtnis* (Lk 22,19).

Maria hielt sich nicht für berechtigt, diese Worte zu sprechen. Sie gehörte nicht zu der Zahl derer, die dazu bestimmt waren, das Priestertum des Neuen Bundes zu übernehmen. Das ist eine Tatsache.

Und man kann auch nicht annehmen, ihr Sohn habe angesichts der Verhältnisse im Altertum, unter denen man nur Männer zum Altar hinaufsteigen und die üblichen priesterlichen Aufgaben erfüllen sah, nicht die Vollmacht besessen, das zu ändern.

Jesus besaß Vollmacht. Er war von oben gekommen und kehrte nach oben zurück, und ihm war *alle Macht gegeben im Himmel und auf der Erde* (vgl. Mt 28,18).

Wer weiß, warum es so gekommen ist? Es muß doch einen Grund geben; die Sache ist zu wichtig. Doch können wir mit absoluter Gewißheit sagen: es ging dabei nicht um die Frage, ob würdig oder nicht. Es wäre doch wirklichlich seltsam und einfach unwahrscheinlich.

Gäbe es eine Kultform, die Frauen aus Gründen der Würdigkeit vom Priestertum ausschlösse, so würde ich sogar, obgleich ich am letzten Platz stehe, dieser Kultform den Rücken zukehren, beim Gehen die Tür hinter mir zuschlagen und sagen: „Ihr seid verrückt! Oder noch schlimmer: Ihr leidet am Komplex Pharaos und habt vergessen, daß Jesus für die Armen gekommen ist und nicht für die überheblichen und selbstherrlichen Männer."

Und das gilt für jede Frau schlechthin.

Überlegen wir doch einmal, ob Würdigkeit für Maria, Jesu eigene Mutter, überhaupt ein Thema ist.

Umso besser waren ihre Legitimationen.

Wer hatte bei der Erwartung des Messias einen so schlichten und unerleuchteten Glauben gehabt wie Maria?

Wer hatte wie sie die undankbare Rolle der unehelichen Mutter auf sich genommen, um allen klarzumachen, daß ihr Sohn nicht Josefs Sohn war?

Wer hatte den Mut gehabt, den heranwachsenden Jungen in Jerusalem zu verlieren, um ihm den Raum zur freien Religionsausübung zu lassen?

Wer hatte die tiefsten Geheimnisse der Jugendjahre ihres Jesus mit ihm geteilt, während er sich anschickte, nach Kafarnaum zu ziehen, wo er seine Kirche gründen wollte?

Und wer hat bei seinem Martyrium besser an seiner Seite ausgehalten, sogar bis unter das Kreuz, arm, wehrlos und der Masse ausgeliefert, die in ihrem falschen Glaubenseifer nach Blut dürstete?

Und wer hatte den geschundenen Leib in seiner Todesstarre in die Arme geschlossen, als man an jenem Abend vor dem Sabbat die Leichen vor den züchtigen Blicken der Gesetzesfrommen verbergen mußte?

Maria, du kleine Maria,
du bist das sanfte Säuseln des Elija,
das Flüstern des Geistes Gottes.

Maria, du kleine Maria,
du bist der brennende Dornbusch des Mose,
der den Herrn enthält und nicht verbrennt.
Du bist die Stelle hier bei mir,
die der Herr dem Mose gewiesen hat.
Du bist der Spalt im Felsen,
den Gott mit seiner Hand bedeckt,
wenn seine Herrlichkeit vorüberzieht.

So sagt Kiko Arguello, der Maria wirklich liebt, in einem wunderbaren Chanson seinen Brüdern, die mit neuem Schwung an die Taufvorbereitung gehen wollen.

Maria, du kleine Maria.

Ja, man kann so klein sein, daß man an Größe alles übertrifft, sogar das Priestertum, das das Größte ist, weil seine Aufgabe doch darin besteht, Jesu Opfer dem Vater darzubringen.

Es kann eifrige Priester geben, die allmählich immer mehr lernen, ihr Priestertum zu leben, das doch nichts anderes ist als die persönliche Hingabe in Verbindung mit der des Opfers.

Das hatte Maria schon längst getan und schon gelebt. Alles, was sie leiden konnte, hatte sie schon gelitten, alles, was sie lieben konnte, hatte sie schon geliebt.

Sie war Frau, Mutter, Märtyrerin.

Ich glaube, daß Gott die Frau zu Hohem berufen und die Mutter mit einer Macht ausgestattet hat, die größer ist als alle Gewalten.

Wenn eine Frau gebiert, hat sie in einer bestimmten Weise Anteil an Gottes lebensschaffender Kraft. Der Blick, mit dem sie ihr Kind anschaut, nachdem sie es zur Welt gebracht hat, ist etwas Göttliches.

Wenn sie ein Kind, ihr Kind, bei der Hand nimmt, um es ins Leben und in die Freiheit zu führen, tut sie es Gott gleich. Wenn sie auf seine Heimkehr wartet, wenn sie seine Abwesenheit im fernen Land beweint, wenn sie ihm die Tränen trocknet und wenn sie es ins Grab hinunterläßt, dann sind in ihren Blikken und in ihren Händen die Blicke und die Hände Gottes.

Ja, die Frau genießt wirklich Vorrechte und besitzt sogar schon von Natur aus eine priesterliche Berufung.

Eine Frau hat es nicht nötig, Priester zu sein oder die Priesterweihe zu empfangen: sie ist es schon von Natur aus.

Ich denke an den Gründonnerstagabend, denke an den Augenblick, da Jesus mit den Seinen im Abendmahlssaal aufbrach, um sich zum Ölgarten im Tal Kidron zu begeben.

Maria hatte wie alle anderen die Eucharistie empfangen: sie war gewiß im Abendmahlssaal und hatte wie die anderen vom Pascha-Lamm der Juden gegessen.

Jesus stand noch da und traf Anordnungen für die Nacht. Seinen drei engsten Vertrauten, den Drei der großen Augenblicke, Petrus, Jakobus und Johannes, hatte er schon seine Anweisungen gegeben. „Ihr geht mit und bleibt in meiner Nähe."

Ich stelle mir Maria vor und wie sie wohl ihren Sohn angeschaut haben muß. Sie spürte schon, daß die Tragödie näher rückte, und hatte das untrügliche

Gefühl, daß dies eine ganz besondere, eine schreckliche Nacht würde.

Wer weiß, vielleicht ist sie zu Jesus hingegangen. „Ich komme mit. Ich möchte in deiner Nähe sein. Laß mich mit Petrus, Jakobus und Johannes gehen."

Ich weiß nicht, warum sich das Evangelium hier ausschweigt, doch habe ich den Eindruck, daß Jesus ihr gesagt hat: „Du nicht. Du könntest das nicht ertragen. Dir würde das Herz brechen, wenn du im Ölgarten meine Ängste erleben müßtest. Bleib zu Hause!"

Ich weiß es nicht, aber ich hätte es bei meiner Mutter so gemacht.

Du bleibst zu Hause. Irgendwo ist für dich Schluß. Du bist eine Frau.

Wir Männer haben es leichter. Es kommt uns dabei zustatten, daß wir nicht so fein empfinden. Wenn man uns zu sehr foltert, werden wir ohnmächtig. Ihr dagegen sterbt. Außerdem ist es gut so. Bleib zu Hause!

Und Jesus war allein. Vielleicht hätte er eine Ausrede gefunden, aber er war allein. Er wollte allein sein. Seine Mutter war nicht da. Drei Männer waren in der Nähe und schliefen.

Ganz sicher hätte seine Mutter nicht geschlafen.

Darin besteht der Unterschied zwischen Mann und Frau. Frauen schlafen nicht, wenn sie in die Nähe eines Menschen kommen, der leidet oder stirbt. Männer wohl, sogar wenn sie Apostel sind.

Aus diesem Grund ist das Priestertum der Männer viel leichter als das der Frauen.

Wenn wir am Ende der Zeiten sehen werden, wie sich alles zugetragen hat, werden wir entdecken, daß das Meer der Tränen zum größten Teil aus Frauentränen besteht.

Die Männer waren wohl viel zu sehr mit anderen Aufgaben beschäftigt, so daß sie schließlich einschlafen konnten, wie sie es auf dem Tabor der Gottesschau oder in Getsemani, dem Leidensgarten der anderen, getan haben.

Die Theologie sagt uns, daß Christus Priester auf ewig ist, d. h., daß er sich dem Vater als Opfer für das Heil aller darbringen konnte. Und weiter sagt uns die Theologie, daß dieses Priestertum dem ganzen Gottesvolk zuteil geworden ist, da es das Volk ist, das Christus sich erworben hat.

Mit der Taufe erhält jeder Gläubige, ob Mann oder Frau, Anteil am Priestertum Christi, wie er auch Anteil an seinem Prophetenamt und seiner Heiligkeit erhält.

Petrus wird den Christen sagen: *Ihr seid ein Volk von Heiligen, ein Volk von Propheten, ein Volk von Priestern,* (vgl. 1 Petr 2,9).

Aber all das nur der Anlage nach. Nur von Fall zu Fall gelingt es dem Christen ein wenig, diese erhabene Größe praktisch und bewußt zu leben. Nun hat die Frau es auf diesem Wege leichter: sie versteht tiefer, was Heiligkeit und was Selbsthingabe, die Seele des Priestertums, ist.

Heute abend ist mir im Gebet aufgegangen, wieso die Kirche in diesen Jahrhunderten keine Frauen zu Priestern geweiht hat.

Hat ihr wohl der Geist geraten, so zu handeln, weil es so gut war?

Laßt die Frau ihr echtes Priestertum leben. Behelligt sie nicht mit Dingen, die sie in ihrer Demut beunruhigen können. Vielleicht wäre es, wenn sie sich daran gewöhnt hätte, in die Sakristei zu gehen, auch mit ihr dahin gekommen, daß sie jemandem sagt: „Schnall mir die Sandalen zu – trag mir den Koffer – gib mir fünftausend Lire, damit ich nach deiner Meinung die Messe feiere!"

Alles ist möglich.

Nein, es ist besser, man begnügt sich damit, daß sie lieber dient als sich bedienen zu lassen. Laßt sie es der Einzigen gleich tun, die würdig ist, Priester zu sein: Maria.

Maria, Du kleine Maria,
Du Mädchen aus Jerusalem,
Du Mutter aller Völker,
Du Jungfrau von Nazaret.
Du bist die Wolke, die Israel schützt,
Du das Zelt der Versammlung,
Du die Lade, die das Bundesbuch birgt,
Du die Wohnstatt des Herrn,
Du das Heiligtum,
auf das seine Herrlichkeit sich herabläßt.

Ich hoffe, niemand nimmt mir das übel.

Es ist jetzt – bei der Rückkehr zum Evangelium, an der man die Kirche des Jahres 2000 erkennt – Zeit, daß jeder einmal über die Ungereimtheiten seiner Männlichkeit und seiner angeblichen Überlegenheit nachzudenken beginnt: und das gilt auch für die Kirche.

Aus eben diesem Grund mache ich mich ganz klein hinter Maria. Als ob ich mich vor den schärfsten Angriffen der Pharisäer zur Zeit Jesu schützen wollte. Sie waren so von Männerstolz erfüllt, daß es für sie undenkbar war, eine Frau könne das Allerheiligste des Tempels betreten.

Ich weiß das. Ich weiß auch, wie die Zivilisation, die der damaligen Zeit vorausgegangen ist, die Frau ausgenutzt, zerquetscht und verdemütigt hat. Was man gegen sie gesündigt hat, übersteigt jedes Maß.

Wer Afrika kennt, weiß, wie weit das Martyrium der Frau dort getrieben worden ist. Wer den Islam kennt, staunt nicht, daß die Männer der Frau gegenüber so ungerecht werden konnten. Die Vergangenheit ist für die Frau eine Martyriumsvergangenheit, zumal für ihre Würde. Und der Mann hat sich immer etwas darauf zugute gehalten, daß die Verantwortung, die eigentliche Verantwortung im religiösen Bereich, einzig Sache der Männer ist.

Aber ich werfe Irdisches und Himmlisches in einen Topf und sage mir: Warum, Herr?

Warum hast du zu all dem Leid auch noch das schmerzliche Leid hinzugefügt, das Leid, zusehen zu müssen, wie man die Würde der Frau mit Füßen tritt und die Frauen Qualen ausstehen läßt bei dem Gedanken, sie seien minderwertiger als der Mann?

Warum? Maria hat mir gesagt, warum, und das mit einem Lächeln. Mit einem gelösten, glücklichen Lächeln, das echt war.

Noch vor dem Opfer seines Sohnes hat Gott das Opfer der Frau verlangt. Und er hat es verlangt, damit in der Welt der Wohlgeruch erhalten bliebe, der Gott in maßlose Freude versetzt. Der Wohlgeruch der Demut.

Wenn Gott sich freuen will, braucht er keinen

Blick auf das zu werfen, was im Tempelkult geschieht. Der Duft des Weihrauchs, der nur als Zeremonie dargebracht wird, war ihm schon immer zuwider (vgl. Jes 1,13).

Doch der Duft, den Gott sucht, ist der seines Sohnes Jesus. Und das ist der Duft der unendlichen Demut Christi, der in die Welt gekommen ist als der leidende Gottesknecht, als der Arme Jahwes und als der Gekreuzigte aller Zeiten.

Die Frau ist es, die mit mehr Bedacht etwas von diesem Wohlgeruch bewahrt hat. Es ist der Wohlgeruch Marias.

Die Frauen waren es mit ihrem Martyrium, die der Demut des leidenden Gottesknechtes, des gekreuzigten Christus, näher gekommen sind.

Gott selbst hat sich von diesen Wundern ganz bezaubern lassen, und wenn die Welt noch nicht verkümmert ist, verdankt sie das der Anwesenheit der Frauen, der Mütter und der Ehefrauen.

Der Anwesenheit Marias.

Maria, kleine Maria, wie groß bist du! Und wie liebe ich dich.

Mehr beten, um weniger zu leiden

Kleine Anleitung für einen
auf drei Tage verteilten Gebetsgottesdienst,
der sich am Beispiel
von drei großen Frauen ausrichtet.

Marianella Garcia Villas
Benedetta Bianchi Porro
Veronica Giuliani

* Es war mein Gedanke, dieses Buch über den Tod mit einer Einladung an den Leser zum Gebet zu beenden.

* Es ist nie falsch, zu beten, und ich bin davon überzeugt, daß nichts der Macht des Gebetes gewachsen ist.

* Die Gebete sind nach Art einer kleinen Liturgie gegliedert, die man für sich allein oder in Gemeinschaft halten kann, wie man morgens die Laudes oder abends die Vesper hält.

* Ich habe dazu drei grundsätzliche Themen ausgewählt – für jeden Tag eines –, Themen, die uns als Schule des Leidens engagieren und uns helfen müssen, der Gefahr zu entgehen, unsere Frömmigkeit auf einen rein verinnerlichten und nutzlosen Pietismus zu beschränken. Hier sind sie:

1. Der Glaube als Bekennermut
2. Die Hoffnung in der Krankheit
3. Die Maßlosigkeit des Kreuzes.

Der Stoff zu jedem Thema wird am Glaubenszeugnis dreier außergewöhnlicher Frauen dargestellt. (Der Leser möge nicht über meinen Feminismus erstaunt sein. Ich bin tatsächlich der Ansicht, daß die Frau mehr Mut zum Leiden hat. Außerdem sind es drei ungewöhnliche Gestalten, die uns helfen können.)

Marianella wird uns etwas über den Mut beim Glauben sagen,
Benedetta über die Geduld im Leiden,
Veronica wird uns in die Maßlosigkeit des Kreuzes einführen.

Um bei der Wahrheit zu bleiben: töricht sind sie alle drei, aber möge Gott uns etwas von ihrer Torheit mitgeben. Es wäre die beste Gelegenheit, ein wenig über das Leben lächeln zu lernen und nicht immer gleich zu jammern.

Erster Tag

„Wer auf den Herrn vertraut,
steht fest wie der Zionsberg". (Psalm 125,1)

Gebet aus tiefer Bedrängnis

Psalm 88

Herr, du Gott meines Heils,
zu dir schreie ich am Tag und bei Nacht.
Laß mein Gebet zu dir dringen,
wende dein Ohr meinem Flehen zu!
Denn meine Seele ist gesättigt mit Leid,
mein Leben ist dem Totenreich nahe.
Schon zähle ich zu denen,
die hinsinken ins Grab,
bin wie ein Mann,
dem alle Kraft genommen ist.
Ich bin zu den Toten hinweggerafft,
wie Erschlagene, die im Grabe ruhen;
an sie denkst du nicht mehr,
denn sie sind deiner Hand entzogen.
Du hast mich ins tiefste Grab gebracht,
tief hinab in finstere Nacht.
Schwer lastet dein Grimm auf mir,
all deine Wogen stürzen über mir zusammen.

Die Freunde hast du mir entfremdet,
mich ihrem Abscheu ausgesetzt,
ich bin gefangen und kann nicht heraus.
Mein Auge wird trübe vor Elend.
Jeden Tag, Herr, ruf' ich zu dir;
ich strecke nach dir meine Hände aus.
Wirst du an den Toten Wunder tun,
werden Schatten aufstehn, um dich zu preisen?
Erzählt man im Grab von deiner Huld,
von deiner Treue im Totenreich?
Werden deine Wunder in der Finsternis bekannt,
deine Gerechtigkeit im Land des Vergessens?
Herr, darum schreie ich zu dir,
früh am Morgen tritt mein Gebet vor dich hin.
Warum, o Herr, verwirfst du mich,
warum verbirgst du dein Gesicht vor mir?
Gebeugt bin ich und todkrank von früher Jugend an,
deine Schrecken lasten auf mir, und ich bin zerquält.
Über mich fuhr die Glut deines Zorns dahin,
deine Schrecken vernichten mich.
Sie umfluten mich allzeit wie Wasser
und dringen auf mich ein von allen Seiten.
Du hast mir die Freunde und Gefährten entfremdet,
mein Vertrauter ist nur noch die Finsternis.

* 2. Korintherbrief 4,7–18
* Matthäusevangelium 18,1–10

Marianella

Der Glaube als Bekennermut

Marianella Garcia Villas, eine junge Frau aus El Salvador, am 13. März 1983 von Regierungstruppen ermordet. Anwältin der Armen, Schwester der Unterdrückten, Stimme der Verschollenen, ist Marianella durch ihr Leben und ihr Opfer ins „Buch der Beispiele" und in die Legende der lateinamerikanischen Bekenner und Martyrer eingegangen. Von den Jahren ihrer Schulzeit in einem vornehmen spanischen Klosterinternat bis hin zu ihrer Identifikation mit den Armen und, vor allem, den Landarbeitern ihrer Heimat, von ihrer kritischen Mitarbeit in der christdemokratischen Partei bis zu ihrer Abgeordnetentätigkeit im Parlament, von ihrem Bruch mit der christ-demokratischen Partei Duartes bis zu den Verhaftungen und Verfolgungen seitens der Sicherheitskräfte, von ihrer Zusammenarbeit und Freundschaft mit Erzbischof Romero bis zu ihrem engagierten Eintreten für die Menschenrechte und zu ihrem Tod, war Marianellas Dasein ein einziger Weg nach oben, mitten im Abenteuer des gemeinsamen Ringens um Freiheit und Befreiung auf dem unwegsamen Boden von El Salvador.

(Aus: Raniero la Valle – Linda Bimi, Marianella und ihre Brüder, eine latein-amerikanische Geschichte, Mailand 1983).

Endlich ein kleines prophetisches Zeichen. Es läßt mich an die Zeiten des heiligen Franz von Assisi denken.

Vor der Kirche von La Palma in El Salvador reichen die Spitzen des Staates dieses zerschundenen Landes, der Heimat des Martyrer-Bischofs Romero, und die Guerillaführer einander die Hand in dem Wunsch, zum gegenseitigen Verständnis zu kommen und den Frieden zu suchen.

Dahinter stehen drei Bischöfe und der Apostolische Nuntius als Zeugen, und sie sind durch ihre Anwesenheit im Namen aller Christen ein unüberhörbarer und eindringlicher Appell zur Aussöhnung und zum Frieden. Eine Freude für die Menschen, die vom Krieg erschöpft sind, in Blut und Armut untergehen und von Gerechtigkeit träumen.

Ich lasse meine Blicke über die Menge schweifen und entdecke ganz weit draußen, versteckt unter den Letztgekommenen, wie in einer Vision die mächtige Gestalt Erzbischof Oscar Arnulfo Romeros. Er hält noch den Kelch in der Hand, mit dem er seine letzte Messe gefeiert hat, die von den Schüssen seiner Mörder abgebrochen wurde.

Daneben, ganz klein, mit ihrem durchdringenden Blick, Marianella Garcia. Sie hat keinen priesterlichen Kelch, sondern ist, unter der Folter, die sie erlitten hat, auf eine Wunde zusammengeschrumpft, nur noch ein Blutgerinnsel. Alle beide, der Martyrer-Bischof und das „Lämmchen" seiner Herde, strahlen Freude und Zuversicht aus.

Man würde sagen, daß es ihrem zermarterten Leib

auch nicht im geringsten gelingt, den Ausdruck des Glückes zu dämpfen, das sie in ihrer Hingabe an das bis zum Opfertod geliebte Volk gefunden haben.

Ich halte den Blick auf den Bischof gerichtet, der mich durch seine blutbespritzte, klobige Brille anschaut und mich auf Marianella hinweist: Carlo, sprich nicht von mir. Gott dank hat unser Martyrologium unter den Christen Bischöfe auf dem Weg des Martyriums gesehen. Wir Bischöfe müssen uns dem Martyrium stellen, seit man uns zu Hirten der Herde macht; hat doch Jesus selbst uns gesagt: Der Hirt flieht nicht vor dem Wolf (vgl. Joh 10,12).

Sprich jetzt von Marianella. Tu mir den Gefallen. Außerdem ist jetzt die Zeit da, die Zeit nämlich, in der die Kirche nachdrücklich allen sagt, besonders den Frauen, daß sie ihr eigenes Priestertum besitzen, das sie dazu befähigt, sich mit Jesus dem Vater als Opfergabe darzubringen.

Ist das nicht so? Du glaubst das doch.

Ja, Vater, das glaube ich. Ich spüre, daß Marianella mir so nahe steht mit all ihrer Begeisterung für die streitende Kirche, die Gerechtigkeit und die Armen. Sie ist ganz ein Mensch meiner Zeit, und wenn ich ihre Schriften lese, glaube ich, meine eigenen zu lesen, die meiner eigenen Generation.

Aber, Vater Romero, Marianella besaß die Fähigkeit, das zu leben, was sie dachte, noch mehr als ich, noch mehr als wir. Sie war nicht gewohnt, den Glauben auf die leichte Schulter zu nehmen. Mit Worten gab sie sich nicht zufrieden. Sie war für das Martyrium wie geschaffen.

Wie beneide ich sie doch in meiner Schwachheit!

Und wie hat sie doch meine von Unlust und Laxheit gezeichnete Generation aufgerufen, mutig den Glauben zu leben und aus dem Gebet keine Flucht in eine sterile und bürgerliche Intimsphäre zu machen, sondern einen Aufschwung zum Dienen und zur heldenhaften Verteidigung der Unterdrückten und Armen.

Marianella hatte nach dem Besuch eines vornehmen spanischen Internats eine nur auf Gottesdienst und angenehmes Leben ausgerichtete Frömmigkeit schnell aufgegeben, um sich den Erfordernissen der geschichtlichen Stunde zu stellen, die sie aufrief, dorthin zu eilen, wo die Landarbeiter ihrer zermarterten Heimat nicht nur ausgebeutet, sondern auch gefoltert, niedergemacht und von den Todesschwa dronen beiseite geschafft wurden, den Abgesandten derjenigen, deren ganze Frömmigkeit darin bestand, ihre eigenen ungerechten Interessen zu verteidigen.

Es ist Dir nicht erlaubt, ruft sie wie der Täufer, der Prophet der Armen, denen zu, die ihre Landarbeiter in El Salvador einzig mit der Begründung hinmetzelten, sie seien Gewerkschaftler.

Die Juristin Marianella wird Anwältin der Armen und unternimmt es, auch diejenigen zu verteidigen, die kein Anwalt verteidigen wollte aus Furcht, das Mißfallen des Regimes zu erregen. Und sie weicht auch dann nicht zurück, als man ihr mit dem Tod und mit Sippenhaftung droht, als man ihren Besitz einzieht und ihr Haus überfällt, das von durchziehenden Soldaten und Räubern verwüstet worden ist.

Die Machthaber hatten Angst vor ihr, obwohl sie nur mit ihrem Fotoapparat bewaffnet war, mit dem sie der Welt die Beweise für die grausamen Folterungen erbrachte, die die Soldaten an der wehrlosen Masse der armen Landarbeiter verübten.

Marianella rief sogar in El Salvador die Menschenrechtskommission ins Leben und ließ trotz der Drohungen nicht davon ab, der ganzen Welt mitzuteilen, was in ihrer Heimat vor sich ging, die regelrechten Menschenschlächtern zum Opfer gefallen war.

Das ist Marianellas Glaube. Er ist eine Lehre für all die Christen, die sich immer vor ihrer Verantwortung drücken und nichts anderes fertigbringen, als Kirchen zu füllen und Prozessionen zu halten, ohne sich einmal dorthin umzuschauen, wo Mörder ungestraft bleiben und die Rechte der Armen mit Füßen getreten und lächerlich gemacht werden.

Um sie zum Schweigen zu bringen, gibt ein Vernehmungsoffizier, den sie um ein Glas Wasser gebeten hat, ihr ein Glas kochendes Wasser und gießt es ihr in die Kehle, und als ob das noch nicht genug gewesen wäre, steckt er ihr einen mit Petroleum getränkten Lappen in den Mund.

Aber sie gibt nicht nach. Und als sie den Ort unter dem Jubel aller verläßt, hält sie es fern von den schmerzlichen Leiden der Ihren nicht aus und kehrt in die Höhle des Löwen zurück, gewärtig, gefoltert und ermordet zu werden.

Sie wurde denn auch gefoltert und ermordet.

Es war Marianellas Glück, es war das Glück von El Salvador gewesen, einen Hirten vom Schlage Bischof Romeros zu haben.

Mag er auch ängstlich gewesen sein, mag man ihm auch vorgeworfen haben, er sei konservativ, er scheue die Medien und das Wagnis angesichts der geschichtlichen Stunde, so hatte er sich nicht damit begnügt zu sagen, wie es gewöhnlich heißt: „Ich bin Bischof für alle, ich bin neutral."

Er hat sich nicht damit begnügt zu sagen: „Das geht mich nichts an." Auf einmal hatte er, der sonst so ängstlich war, den Mut, Soldaten, die ihn um Rat angegangen hatten, weil sie sich im Gewissen nicht verpflichtet fühlten, auf wehrlose Landarbeiter zu schießen, zu sagen: *Vor dem Befehl, zu töten, muß das Gesetz Gottes den Vorrang haben, das lautet: Du sollst nicht töten. Kein Soldat ist verpflichtet, einem Befehl zu gehorchen, der Gottes Gesetz zuwider läuft. Ein sittenwidriges Gesetz zieht nicht die Verpflichtung nach sich, es zu beobachten.*

Welch ein Mut! Hätten sich doch alle Christen im Lauf der Geschichte dieses Wort von Bischof Oscar Arnulfo Romero zu eigen gemacht!

Wenn doch angesichts der Atombombe alle Christen einmütig Konsequenz zeigten!

Aber weißt du denn nicht, Romero, daß du jede Ordnung umstößt? Aber weißt du denn nicht, daß du eine Gesellschaft anklagst, in der die Christen in einem Dauerkompromiß zwischen Wohlstand und Trägheit einerseits und der Macht anderseits leben?

Da bleibt keine andere Wahl, als dich ebenso wie Jesus umzubringen, als er die Gesetze umstieß, die dem Tempel lieb und teuer waren, und das unter Berufung auf die Staatsgewalt und das Gesetz. Mach dich bereit, zu sterben.

Die Soldaten konnten einen anderen Augenblick finden: nein, sie haben ihn nicht gefunden. Im Hinblick darauf, daß er als Bischof gesprochen hatte, bringen sie ihn als Bischof um. Beim Offertorium der Messe.

Welch ein Glück für dich, Bischof Romero. Du bist zum Symbol des mutig gelebten Glaubens geworden. Dein Beispiel hilft uns, unser Leben zu ändern.

Und auch du, kleine Marianella, hast großes Glück gehabt. Du hast zum Ausdruck bringen können, was du gelebt hast. Du bist Frau und dazu noch einmal Frau in deinem Opfer. Du bist in unser Herz eingegangen und mit deinem aus Liebe vergossenen Blut ins Reich des ewigen Lebens.

Wenn das Martyrium den höchsten Vorrang besitzt, du hast ihn mit Schwung erreicht.

Ohne es zu wissen, mit ein paar Tropfen Wasser in deiner Pfarrkirche in El Salvador getauft, bist du mit all deinem Blut bei der Verteidigung der Armen und Unterdrückten deiner Heimat wiedergetauft worden.

Und auch du hilfst uns wie dein Bischof, unser Leben zu ändern und mutig unseren Glauben zu bekennen.

Zweiter Tag

„Wie liebenswert
ist deine Wohnung,
mein Gott und mein König". (Psalm 84,2.4)

Betrachtung
Wallfahrtslied

Psalm 84

Wie liebenswert ist deine Wohnung,
Herr der Heerscharen!
Meine Seele verzehrt sich in Sehnsucht
nach dem Tempel des Herrn.
Mein Herz und mein Leib jauchzen ihm zu,
ihm, dem lebendigen Gott.
Auch der Sperling findet ein Haus
und die Schwalbe ein Nest für ihre Jungen –
deine Altäre, Herr der Heerscharen,
mein Gott und mein König.
Wohl denen, die wohnen in deinem Haus,
die dich allezeit loben.

Wohl den Menschen, die Kraft finden in dir,
wenn sie sich zur Wallfahrt rüsten.
Ziehen sie durch das trostlose Tal,
wird es für sie zum Quellgrund,
und Frühregen hüllt es in Segen.

Sie schreiten dahin mit wachsender Kraft;
dann schauen sie Gott auf dem Zion.

Herr der Heerscharen, höre mein Beten,
vernimm es, Gott Jakobs!
Gott, sieh her auf unsern Schild,
schau auf das Antlitz deines Gesalbten!
Denn ein einziger Tag
in den Vorhöfen deines Heiligtums
ist besser als tausend andere.
Lieber an der Schwelle stehen im Haus
meines Gottes
als wohnen in den Zelten der Frevler.
Denn Gott, der Herr, ist Sonne und Schild.
Er schenkt Gnade und Herrlichkeit;
der Herr versagt denen,
die rechtschaffen sind, keine Gabe.
Herr der Heerscharen, wohl dem, der dir vertraut!

✻ 1 Petrus 1,3–12
✻ Johannes 12,20–26

Benedetta

Die Hoffnung in der Krankheit

Benedetta Bianchi Porro ist am 8. August 1936 in Dovadola (Forlì) geboren und stirbt am 23. Januar 1963 in Sirmione (Brescia).

Schon mit wenigen Monaten ein Opfer der Kinderlähmung, besucht sie die Schule nur sporadisch. Mit 17 Jahren läßt sie sich an der medizinischen Fakultät der Universität Mailand immatrikulieren. Wegen einer beginnenden Taubheit muß sie viele Verdemütigungen einstecken, aber sie setzt ihre Studien mit zäher Entschlossenheit fort. Nachdem sie das Gehör verloren hat, wird sie auch noch blind und völlig gelähmt. Die Ärzte teilen ihr die Diagnose ihrer schrecklichen Krankheit mit: Recklinghausensche Krankheit im fortgeschrittenen Stadium. Benedetta erkennt in diesem Kalvaria den ihr zugedachten Plan Gottes und erkennt auch, daß „für diejenigen, die glauben, alles ein Zeichen ist". So wird sie mit ihrem Leben und mit einer umfangreichen Korrespondenz, die sie mit Hilfe ihrer Mutter und ihrer Freunde unterhält, zur Botschafterin des Evangeliums.

(Aus: „Über das Schweigen hinaus", Benedetta Bianchi Porros Brieftagebücher, hg. von Anna Maria Cappelli, Mailand 1983).

„Ja, wir müssen so handeln, als hinge alles von uns ab. Das sagt der heilige Ignatius, uns dann aber ganz lassen, als hinge alles von Gott ab. Und Benedetta läßt sich. Das ist nicht leicht. Es ist nicht leicht, wenn das Sich-Lassen bedeutet, daß man auch so etwas Lächerliches wie die Taubheit und die Unfähigkeit akzeptiert, sich mit den Menschen, die man liebt, zu unterhalten. Aber sie gibt sich gelassen dem Traum von einem Gott hin, der sie zu sich nehmen und glücklich machen wird."

(Aus: „Wenn das Weizenkorn nicht stirbt", Vorwort von Carlo Carretto zu „Liebes Buch ..., Das Tagebuch Benedettas", Brescia 1984).

Benedetta Bianchi Porro

Für heute und für viele ist das erst ein Name und sonst nichts. Ein Name wie so viele andere.

Man weiß von ihr, daß sie in der Romagna geboren ist, nach wenigen Monaten an Kinderlähmung erkrankte, und daß die Buben im Ort ihr „Hinkebeinchen" nachriefen, als sie noch kaum laufen konnte.

Dann zog sie nach Sirmione an den Gardasee in ein kleines Landhaus gleich am Wasser. Es hatte grüne Läden, eine Holzterrasse und war, wie sie viel später sagen wird, eine Stätte, „an der man die Freiheit spürt".

Die Freiheit genießt sie nicht lange, da sie ein drückendes Stützkorsett tragen muß und schon ahnt, daß sich ganz allmählich, aber unerbittlich, „die Taubheit" einstellt.

In ihr erlischt „das Erfolgserlebnis, das Fest des Lebens". Sie lernt die Kälte der Teilnahmslosigkeit und die Furcht vor dem Nichts kennen und ruft um Hilfe.

Die Hilfe kommt dann „von den andern", von denen, die leiden wie sie selbst, von denen, die leben wie sie, von ihren Freunden und vor allem aus dem Gedanken, daß sie etwas zum Nutzen aller tun muß. Sie will Ärztin werden, *um zu leben, zu kämpfen und sich für alle Menschen zu opfern,* und läßt sich mit einem Mut, der nach Wahnwitz riecht, an der medizinischen Fakultät immatrikulieren.

Ja, er riecht nach Wahnwitz, denn beim Examen in den Grundfächern am Ende der beiden ersten Studienjahre zittert sie vor Spannung, ob sie die Frage versteht, die der Professor ihr stellt und die sie nicht hören kann, und sieht sich beleidigt durch das Verhalten des Professors, der ihr Prüfungsbüchlein beiseite schiebt und schonungslos bemerkt: „Ein tauber Arzt ist mir doch noch nie vorgekommen!"

Aber die Taubheit ist erst der Anfang ihrer Krankheit. Sie trägt die Recklinghausensche Krankheit in sich, die die Verwüstung ihres Leibes vollenden wird. Sie erblindet, verliert die Sensibilität, wird an den Beinen gelähmt und nach und nach am ganzen Körper.

Hören wir, was sie selbst von sich sagt. Sie sagt es anläßlich einer Antwort, die sie ihrer Mama gab, einer Antwort, die in der Zeitschrift „Epoca" abgedruckt worden ist und an einen jungen Patienten gerichtet war, der von seinen Schmerzen spricht und verzweifelt bei jemandem Hilfe sucht.

Sirmione, 1963

Lieber Natalino,
in der „Epoca" ist ein Brief von Dir abgedruckt. Meine Mama hat ihn mir auf dem Weg über die Hände vorgelesen. Ich bin taub und blind, daher werden die Dinge für mich ziemlich schwierig.

Auch ich bin sechsundzwanzig Jahre alt wie Du und schon lange krank. Eine Krankheit hat bei mir zum Kräfteverfall geführt, als ich gerade meine langen Studienjahre zum krönenden Abschluß bringen wollte: ich wollte in Mailand in Medizin promovieren. Ich hatte schon lange über eine Taubheit geklagt, die die Ärzte mir anfangs nicht glauben wollten.

So habe ich denn weitergemacht, ohne Glauben zu finden, und mich in meine Studien gestürzt, die ich bis zur Verzweiflung liebte. Schon mit siebzehn Jahren hatte ich mich an der Universität immatrikulieren lassen.

Dann hat die Krankheit mir total Einhalt geboten, als ich mit dem Studium fast fertig war: ich befand mich im Schlußexamen. Und mein Beinahe-Doktorhut hat mir nur dazu gedient, mir meine eigene Diagnose zu stellen, da (bis dahin) noch niemand begriffen hatte, was eigentlich vorlag.

Bis vor drei Monaten konnte ich mich noch des Augenlichts erfreuen; jetzt ist es Nacht. Aber ich bin auf meinem Kalvarienberg nicht verzweifelt. Ich weiß, daß Jesus mich am Ende meines Weges erwartet.

Ich habe zuerst im Sessel und jetzt im Bett, das meine Bleibe ist, eine Weisheit gefunden, die größer ist als die der Menschen. Ich habe entdeckt, daß Gott existiert und bis ans Ende der Zeiten Liebe, Treue, Freude und Gewißheit ist.

In Kürze werde ich nur noch ein Name sein; aber mein Geist wird hier im Kreis der Meinen und im Kreise derer, die leiden, weiterleben, und ich werde nicht einmal umsonst gelitten haben.

Und Du, Natalino, fühle Dich nicht allein. Nie. Folge gelassen dem Weg der Zeit, und Du wirst Licht und Wahrheit finden: dem Weg, auf dem es wirklich Gerechtigkeit gibt, nicht die der Menschen, sondern die Gerechtigkeit, die nur Gott geben kann.

Meine Tage sind nicht leicht; sie sind hart, aber süß, weil Jesus bei mir ist, mein Leiden teilt und mir Trost gibt in der Einsamkeit und Licht im Dunkel.

Er lächelt mir zu und nimmt mein Mittun an. Ciao, Natalino, das Leben ist kurz, es vergeht schnell. Alles ist nur ein ganzer kurzer Steg, gefährlich für den, der zügellos genießen will, aber sicher für den, der sich mit Ihm zusammen bemüht, in die Heimat zu gelangen.

Ich umarme Dich. Deine Schwester in Christus,

Benedetta.

Dieser Brief ist ein Meisterwerk und sagt alles. Wir können ihn ruhig noch einmal lesen, wenn wir ans Krankenbett gefesselt sind.

Noch schlechter kann es uns nicht gehen: unfähig, etwas mitzuteilen, und eingesperrt in den Käfig unseres schmerzlichen Leidens! Dann werden Benedettas Worte ihren vollen Klang erhalten: „Ich habe entdeckt, daß Gott existiert und bis ans Ende der Zeiten Liebe, Treue, Freude und Gewißheit ist.“

Und weiter:

„Meine Tage sind nicht leicht: sie sind hart, aber süß, weil Jesus bei mir ist, mein Leiden teilt und mir lieben Trost gibt in der Einsamkeit und Licht im Dunkel. Er lächelt mir zu und nimmt mein Mittun an."

„Er nimmt mein Mittun an." Man glaubt Paulus in seinen Briefen zu hören: *„Ich ergänze in mir das, was an den Leiden Christi noch fehlt* (Kol 1,24).

Es ist nicht leicht, so zu sprechen, wenn der Schmerz uns fest im Griff hält, aber es ist der einzige *Notausgang.* Er gibt mir die Möglichkeit, einer Tatsache auszuweichen, die unerträglich geworden ist und die ich als Brennholz in das Glutbecken der göttlichen Liebe werfe.

Das Glutbecken, das *die Sterne bewegt,* das Glutbekken, das *das Leben schenkt.* Das Glutbecken, das *den Menschen rettet;* das Glutbecken, das mich, wenn ich das Reich schaue, zum „Seligen" macht.

Und das uns ganz bewußt sagen läßt, wie sie es gesagt hat: „Was mich angeht, führe ich mein Leben wie immer, und es kommt mir so vollendet vor ... und es kommt mir wie ein Wunder vor und ich möchte ein Loblied zu dem erheben können, der es mir gegeben hat ... Manchmal frage ich mich, ob ich nicht eines der Geschöpfe bin, denen viel gegeben worden ist und von denen viel verlangt werden wird." Welch ein Mut!

Und weiter:

„In der Trauer über meine Taubheit und in den dunkelsten Stunden meiner Einsamkeit habe ich mit meinem Willen versucht, ausgeglichen zu sein, um meinen Schmerz aufblühen zu lassen; und ich bemühe mich so um den demütigen Willen, so sein zu können, wie Gott es will: ganz ganz klein, wie ich mir wirklich vorkomme, wenn es mir gelingt, in der dichten Finsternis meiner mühseligen Tage seine gewaltige Größe zu sehen.

Oft wiederholte sie dieses „Negro Spiritual":

„Manchmal fühle ich mich
wie ein Kind ohne seine Mutter,
manchmal wie ein Adler in der Luft.
Eines strahlend schönen Morgens
werde ich mein Bündel niederlegen,
die Schwingen ausbreiten
und die Lüfte durchziehen,
Ihr könnt mich begraben im Osten,
Ihr könnt mich begraben im Westen,
doch an dem Morgen
breiten die Engel ihre mächtigen Flügel aus,
und ich werde den Schall
der heiligen Posaunen vernehmen."

Und auf der Suche nach ihrem Gott sagte sie: „... die Tage vergehen im Warten auf ihn, den ich liebe in der Luft und in der Sonne, die ich nicht mehr sehe, die ich aber doch an ihrer Wärme spüre, wenn sie durchs Fenster hereinkommt und mir im Regen die Hände wärmt, wenn er vom Himmel herabkommt und die Erde bestellt.

Und als sie sich dem Ende nahe fühlte: „Weißt Du, Mama, für viele ist Benedetta schon gestorben. Doch viele werden an mich denken. Das Ende ist nahe, Mama, aber Du darfst Dich nie verlassen fühlen. Ich hinterlasse Dir so viele Kinder, so viele Kinder, auf die Du aufpassen mußt."

„... Ich will Dir sagen, daß ich schon die Stimme des Bräutigams gehört habe. Ich bin langsam im Gebet, aber ich gebe alles hin, so wie ich bin: Er, der in mir geboren worden ist, möge mich bis zum Ende führen."

Und dann auch uns mit Benedetta beim Darbringen unseres Opfers, wenn die Stunde unseres Todes kommt.

Dritter Tag

Für mich ist Christus das Leben,
und Sterben Gewinn. (Philipper 1,21)

Klage

Psalm 69

Hilf mir, o Gott!
Schon reicht mir das Wasser bis an die Kehle.
Ich bin in tiefem Schlamm versunken
und habe keinen Halt mehr;
ich geriet in tiefes Wasser,
die Strömung reißt mich fort.
Ich bin müde vom Rufen,
meine Kehle ist heiser,
mir versagen die Augen,
während ich warte auf meinen Gott.
Zahlreicher sind meine Verderber,
meine verlogenen Feinde.
Was ich nicht geraubt habe, soll ich erstatten.

Gott, du kennst meine Torheit,
meine Verfehlungen sind dir nicht verborgen.
Wer auf dich hofft, Herr, du Herr der Heere,
soll durch mich nicht scheitern;

wer dich sucht, Gott Israels,
gerate durch mich nicht in Schande.
Denn deinetwegen erleide ich Schmach,
und Schande bedeckt mein Gesicht.

Entfremdet bin ich den eigenen Brüdern,
den Söhnen meiner Mutter wurde ich fremd.
Denn der Eifer für dein Haus hat mich verzehrt;
die Schmähungen derer, die dich schmähen,
haben mich getroffen.
Ich nahm mich durch Fasten in Zucht,
doch es brachte mir Schmach und Schande.
Ich ging in Sack und Asche,
doch sie riefen Spottverse hinter mir her.
Man redet über mich in der Versammlung am Tor,
von mir singen die Zecher beim Wein.
Ich aber bete zu dir,
Herr, zur Zeit der Gnade.
Erhöre mich in deiner großen Huld,
Gott, hilf mir in deiner Treue!
Entreiß mich dem Sumpf,
damit ich nicht versinke.
Zieh mich heraus aus dem Verderben,
aus dem tiefen Wasser!
Laß nicht zu, daß die Flut mich überschwemmt,
die Tiefe mich verschlingt,
der Brunnenschacht über mir
seinen Rachen schließt.
Erhöre mich, Herr, in deiner Huld und Güte,
wende dich mir zu in deinem großen Erbarmen!
Verbirg nicht dein Gesicht vor deinem Knecht;
denn mir ist angst. Erhöre mich bald!
Sei mir nah, und erlöse mich!

Befrei mich meinen Feinden zum Trotz!

Du kennst meine Schmach und meine Schande.
Dir stehen meine Widersacher alle vor Augen.
Die Schande bricht mir das Herz,
ganz krank bin ich vor Schmach;
umsonst habe ich auf Mitleid gewartet,
auf einen Tröster, doch ich habe keinen gefunden.
Sie gaben mir Gift zu essen,
für den Durst reichten sie mir Essig.
Der Opfertisch werde für sie zur Falle,
das Opfermahl zum Fangnetz.
Blende ihre Augen, so daß sie nicht mehr sehen;
lähme ihre Hüften für immer!
Gieß über sie deinen Grimm aus,
dein glühender Zorn soll sie treffen!
Ihr Lagerplatz soll veröden,
in ihren Zelten soll niemand mehr wohnen.
Denn sie verfolgen den Mann,
den du schon geschlagen hast,
und mehren den Schmerz dessen,
der von dir getroffen ist.
Rechne ihnen Schuld über Schuld an,
damit sie nicht teilhaben an deiner Gerechtigkeit.
Sie seien aus dem Buch des Lebens getilgt
und nicht bei den Gerechten verzeichnet.

Ich aber bin elend und voller Schmerzen,
doch deine Hilfe, o Gott, wird mich erhöhen.
Ich will den Namen Gottes rühmen im Lied,
in meinem Danklied ihn preisen.
Das gefällt dem Herrn mehr als ein Opferstier,
mehr als Rinder mit Hörnern und Klauen.
Schaut her, ihr Gebeugten, und freut euch;

ihr, die ihr Gott sucht: euer Herz lebe auf!
Denn der Herr hört auf die Armen,
er verachtet die Gefangenen nicht.

Himmel und Erde sollen ihn rühmen,
die Meere und was sich in ihnen regt.
Denn Gott wird Zion retten,
wird Judas Städte neu erbauen.
Seine Knechte werden dort wohnen
und das Land besitzen,
ihre Nachkommen sollen es erben;
wer seinen Namen liebt, soll darin wohnen.

* 1 Korinther 1 – 2,2
* Markus 8,34–38

Veronica Giuliani

Die Maßlosigkeit des Kreuzes

Veronica Giuliani ist im Jahre 1660 in Mercatello in den Marche geboren. Im Alter von 17 Jahren trat sie in das Kapuzinerinnen-Kloster von Città di Castello in Umbrien ein und blieb dort bis zu ihrem Tod am Freitag, dem 9. Juli 1727. Ihr geistliches Leben hatte sie unter den Leitsatz gestellt: „Aus Liebe leiden", und sich vorgenommen, sich Christus, dem Gekreuzigten, immer mehr anzugleichen. Ihre Liebe zur Passion trägt ihr die heiligen Wundmale und die Durchbohrung des Herzens ein, und darüber hinaus verursachte ihr der Mitvollzug der „Torheit des Kreuzes" physische Schmerzen, seelische Leiden und teuflische Versuchungen mit inneren Kämpfen und langen Zeiten der Trockenheit. Ihre mystischen Erfahrungen höchsten Grades hat sie in einem „Tagebuch" mitgeteilt, das sie im Gehorsam auf Geheiß ihres Beichtvaters schrieb. Man hat Veronica zu Recht als „Lehrmeisterin der Sühne schlechthin" bezeichnet. Von mehreren Seiten beantragt man heute ihre Erhebung zur Kirchenlehrerin.

(Aus: „Mein Kalvaria", Selbstbiographie der heiligen Veronica Giuliani, Città di Castello 1976).

Ich muß Euch gestehen, daß ich oftmals, wenn ich Veronicas *Tagebuch* aufschlug, es ohne Zögern wieder geschlossen habe, weil ich, ganz typisch, befürchtete, mich nicht einem Geschöpf dieser Welt gegenüber zu befinden. Ich bewahrte mir die Zartheit, die ihre Worte bei mir hinterließen, da ich ebenso von der Liebe zu Christus gepackt bin wie sie, aber es schien mir nicht ganz normal, in aller Aufrichtigkeit zu sagen: „Mein Herr, seid gepriesen. Ich sehne mich nach nichts so sehr wie danach, aus Liebe zu Euch zu leiden. Ja, ja, Du mein Gut. Ich bin erst dann zufrieden, wenn ich wirklich mit Euch gekreuzigt werde."

Sich mit Macht zu diesem Verlangen bekennen zu können, klingt schlecht für unsere modernen Ohren. Sie werden von den Tönen einer Musik umflutet, die nichts anderes zum Ausdruck bringen kann als Wohlergehen, erfüllte Hoffnungen, Überfluß und leider auch die immerwährende Verlockung zum Eros.

Wer kann sich ein junges Mädchen von heute, das gewohnt ist, alles zu haben, alles auszuprobieren, alles zu erhalten, vor Ausdrücken wie diesen vorstellen:

„Schlagt mich, foltert mich, macht alles mit mir, was Gott will: ich gehöre ihm und habe keinen brennenderen Wunsch, als seinen Willen zu tun. Ersinnt Euch aber alle Qualen, und mit ihnen will ich lieben und mich ganz an Ihn klammern, an Ihn allein."

Und weiter:

„Mein Gott, sieh, ich bin bereit, alles zu erdulden, was immer es auch sei ... Es ist jetzt keine Zeit zum Ausruhen, sondern zum Leiden ... Mein Herr, ich werde nicht aufhören, mich zu züchtigen, wenn die Seelen sich nicht zu Dir bekehren."

Es waren die Rauschgiftsüchtigen, die mich wieder auf den Gedanken an Veronicas *Tagebuch* gebracht haben. Jetzt passiert es mir täglich, daß ich sie hier in der Nähe bemerke, sie anhöre und, vor allem, mit ihnen die Niederlage des Menschen von heute beweise. Der Mensch, zerstört von der Lust.

Ein Mensch, bei dem sich auf Grund seines Wohllebens die Wirbelsäule erweicht hat, kann nicht mehr aufrecht stehen. Ich hätte nie geglaubt, daß die Lust so gefährlich wäre.

Die Lust ist von Gott geschaffen, sie ist Lebensfreude, Kraftquelle bei Müdigkeit, Hochgenuß bei Tisch, Jubel in der Liebe, Balsam in der Freundschaft, Erholung bei der Arbeit: kurz, sie ist ein Gut, und was für ein Gut!

Wenn man sie aber auf falsche Weise sucht, sie bei sich selbst sucht, losgelöst von dem Zweck, zu dem sie dem Menschen gegeben worden ist, wird sie zu einer regelrechten Gefahr, besonders in konsumbesessenen Zeiten wie der unseren, in der man sie sich für Geld beschaffen kann, selbst wenn sie verdorben oder schlecht verschnitten ist wie ein minderwertiges Rauschgift. In einem armen und fleißigen Volk mit hohen Idealen und einer reichen Gefühlswelt richtet sich die Lust nach den Erfordernissen und ist wirklich eine große und kostbare Hilfe.

Aber bei reichen Völkern, die altersschwach geworden sind durch ihre Macht, durch ihre Naturferne und durch das Fehlen gesunder Arbeit, ohne Schranken und Grenzen für die Begierden, wird sie im Endeffekt regelrecht zu einer Gefahr.

Keine Grenzen kennt das Böse, das sie in einem Menschen anrichten kann, der keine Ideale mehr hat, vom Ekel gepackt, reich und anmaßend ist und den einzigen Zügel nicht mehr spürt, der ihm durch einen Hinweis auf die Ewigkeit helfen konnte: Gott.

Aus diesem Grund hat das Rauschgift so viele Todesopfer gefordert und fordert sie immer noch. Und das Schreckliche daran ist, daß es sie auch weiterhin maßlos fordern wird.

Ich möchte fast sagen, daß sogar die Menschheit in Gefahr ist und ich Angst habe vor dem morgigen Tag. Die schiefe Bahn, auf die wir uns begeben haben, ist entsetzlich, denn an ihrem Ende lauert die schlimmste Versuchung des Menschen, der langsame Selbstmord.

Der Selbstmord um der Lust willen. Wir sind zu sinnenhörig, und die Lust ist wie eine eingeseifte schiefe Ebene, auf die ein Betrunkener seine Schritte setzt.

Er kann sich nur ganz hinunterrollen lassen. Und was unser Tempo beim Hinunterrollen noch beschleunigt, ist das Milieu, das uns umgibt.

Wir leben in einer Atmosphäre der letzten Tage eines Weltreiches, des Sittenverfalls, in der die radikalste Krise ausgebrochen ist und alles und alle befällt.

Und warum haben mich ausgerechnet die Rauschgiftsüchtigen dazu gebracht, das *Tagebuch* Veronica Giulianis wieder zur Hand zu nehmen? Ich kam von einer Tagung für Therapiegemeinschaften, auf der verantwortliche Leiter, Erzieher, Ärzte und Psychologen lang und breit über die besten Methoden diskutiert haben, mit denen man denjenigen helfen könnte, die sich auf den Weg des Heils begeben und versuchen wollten, aus der Teufelsspirale des Rauschgifts auszubrechen.

Alle waren sich darin einig, daß man Werte finden müsse, die stark genug wären, den kranken Willen aus den Angeln zu heben, alle waren davon überzeugt, daß man so vorgehen müsse, daß man dem Kranken Mittel an die Hand gebe, die eventuell primitiv wären, die er aber gern in Kauf nähme, um zu einer Stärkung des vom Laster geschwächten Willens zu gelangen.

Als ich abends zu Bett ging, konnte ich nicht einschlafen und hatte guten Grund dazu. So habe ich denn Veronicas Buch wieder aufgeschlagen, das ich zur Hand hatte, ein Geschenk von P. Indovino aus dem Kapuzinerorden, der die Heilige glühend verehrt.

Ich las: „Willst du gerettet werden? Schließ das Kreuz in deine Arme. Nur durch Leiden findest du die Kraft zur Umkehr und die Lebensfreude. Verlaß, verlaß die trügerische Wonne, die die Welt dir bietet, und komm mit mir. Du wirst Freiheit und Liebe finden."

Sieh doch einmal an, sagte ich mir: „Ich würde diesen Schwarmgeist von Veronica mit der Leitung einer Therapiegemeinschaft betrauen. Sie würde sehr bald andere Schwärmer ihres Schlages kurieren.

Sie, die Rauschgiftsüchtigen, haben aus Maßlosigkeit zum Rauschgift gegriffen. Da braucht man eine

Liebessüchtige, um sie aus ihrer Sucht zu holen, oder noch besser, um ihnen ein anderes Rauschmittel zu geben.

Im Grunde ist es einfach: man braucht nur das Rauschgift auszutauschen. Das Rauschgift der Liebe bezwingt das Rauschgift der Lust.

Bei den Verrückten kann man alles versuchen. Jetzt begreife ich die Torheit des Kreuzes. Mein Gott, gib sie auch mir!"

Gewiß gibt es für jemanden, der sich der Fleischeslust, der Völlerei, der Trägheit und dem „süßen Leben" ergeben hat, keine Therapie, die schneller Erleichterung schafft. Wer von uns hat nicht den hohen Wert erfahren, den das härene Gewand, die Kraft, die das Fasten bewirkt, und die Wohltat besitzen, die die Buße uns erweist, wie die Heiligen sie predigen, um uns aus den Klauen der Götzen und dem Irrtum eines bürgerlichen Lebens zu befreien, das vom Ideal des Reiches und vom Wert des Dienens weit entfernt ist?

Das ist uns geläufig. Aber das, was mir noch am Beispiel Veronicas aufging, war präzis die Maßlosigkeit. Sie ist wirklich angebracht, sie ist die geeignete Therapie für Verwöhnte, wie wir es in der Schule des Fernsehens und der Errungenschaften der Technik geworden sind.

Das habe ich festgestellt, wenn ich heutzutage eine Begegnung mit Konvertiten hatte: ihre Augen hatten immer einen besonderen Glanz und ihre Stimme den Klang der Begeisterung.

Man könnte sagen, sie befänden sich im Übergang von einer Maßlosigkeit zur anderen. Zuerst übertrieben im Bösen, jetzt ...

Nein, ich kann nicht behaupten, daß es eine Übertreibung im Guten gibt, aber ganz sicher ist da etwas, das mir verrät, daß das volle Gleichgewicht noch lange nicht erreicht ist. Geduld!

Ich möchte im Guten übertreiben können, in der Liebe und vor allem im Leiden, und das in dem Ausmaß, das mir zum Sieg über die Übertreibungen meines Egoismus verhilft.

Wenn ich aus Veronicas Mund höre: „Und wieder schien in meinem Herzen die Sehnsucht nach dem Leiden zu entbrennen. Das sind die Augenblicke, in denen ich tieferen inneren Frieden empfand."

„Nichts mehr interessierte mich: alles verleidete mir dieses Leben, und ich wiederholte und wiederholte mit meinem heiligen Paulus: Ich sehne mich danach, aufzubrechen und bei Christus zu sein" (Phil 1,23).

Dann kann ich nicht umhin zu begreifen, daß Jesus selbst es war, der die Torheit des Kreuzes auf die Erde gebracht hat, das die edelste Torheit ist und wie ein Schlegel das verhärtete und in seine Sinnenlust eingeschlossene Menschenherz aufbrechen kann.

„Nichts mehr interessierte mich: alles verleidete mir dieses Leben."

Das ist wirklich ein Sieg für den Menschen, der in sich selbst eingeschlossen und nicht imstande ist, die Hölle seines Egoismus zu verlassen. Die Kraft haben, sich zu befreien.

Sich von sich selbst zu befreien. Aus uns herauszugehen und vor Freude zu singen. „Meine Kraft ist der Herr. Israels Gott ist der Retter."

Der heftige Ruck, den der aus Liebe angenommene Schmerz geben kann, bleibt oft der einzige Weg, aus der Hölle der Laster loszukommen. Die Maßlosigkeit, sich wie Franziskus in die Dornen zu stürzen um die Versuchung des Fleisches zu überwinden, ist die kluge Schule dessen, der es begriffen hat.

Nicht umsonst hat Jesus gesagt: „Wenn deine Hand dich zum Bösen verführt, hau sie ab, wenn dein Auge dich zum Bösen verführt, reiß es aus" (vgl. Mt 18,8f; Mk 9,43.47).

Das ist die Maßlosigkeit des Kreuzes, die das Opfer meiner Hände und meines Auges will. Aber das genügt noch nicht, da die Liebe mir hilft, alles zu wollen.

Veronica sagt: „Eines Tages schien es mir, als spürte ich etwas, aber ich begriff es nicht recht. Ich eilte in die Zelle und fand den Grund nicht. Ich sagte bei mir: Mein Jesus, was wollt Ihr von mir? Ich höre, daß Ihr mich ruft, aber ich sehe Euch nicht. Bei diesen Worten spürte ich etwas. Da spürte ich im Herzen etwas wie eine Flamme, die mich entbrennen ließ. Ich eilte in die Kirche und sagte von ganzem Herzen: Hier bin ich, zu allem bereit, sagt mir nur, was Ihr von mir wollt. Als ich das sagte, hatte ich das Gefühl, ganz in Flammen zu stehen, mehr war nicht möglich. Bald eilte ich dahin, bald sang ich, bald brachte ich kein Wort über die Lippen, sondern ich schien nur eine innere Stimme zu hören, die mich einlud zu leiden."

Ja, wenn ich eine Veronica fände, würde ich sie zur Leiterin einer Therapiegemeinschaft für Rauschgiftsüchtige machen. Und wenn ich noch eine vom gleichen Format fände, würde ich sie allen Alkoholikern der ganzen Welt beigesellen. Und wenn ich noch eine dritte fände, würde ich sie in meine Gemeinschaft der Kleinen Brüder aufnehmen, damit sie uns lehrt, wie man zu solch einer Reife gelangt.

„Bald eilte ich dahin, bald sang ich, bald brachte ich kein Wort über die Lippen, sondern ich schien nur eine innere Stimme zu hören, die mich einlud zu leiden."

Was für eine erstaunliche Freiheit kann dir doch die Überwindung der Lust und das Ja zum Kreuz geben um der Liebe zum Reich Gottes willen.

Und zum Dienst an den Brüdern. Und um uns der Wirklichkeit des Lebens stellen zu können! Und um von unserer üblichen Wehleidigkeit zu genesen. Und um zu lernen, uns zu freuen und in der Sonne zu singen. Und um glücklich zu sein, daß wir leben. Und um uns nicht vor dem Tod zu fürchten.

Und um unseren Tagen einen Sinn geben zu können. Und um den Bösen zu besiegen. Und um uns ein wenig verrückt zu fühlen. Wie Veronica es gewesen ist.